薩姜・米龐仁波切（*Sakyong Mipham Rinpoche*）著 蔡雅琴 譯

跑步之心

RUNNING WITH THE MIND OF MEDITATION

Lessons for Training Body and Mind

同時鍛鍊身與心的禪跑

以此獻給

我的妻子 **康卓·次央**（Khandro Tseyang）
我的女兒 **杰桑·竹嫫**（Jetsun Drukmo）

之幸福健康

目次

〔第一部〕以禪修的心來跑步

在你跑了一段時間之後，除了自己的心，你還會找到什麼呢？通過規律的禪修，你就能對治自己的那顆心。

〔第二部〕老虎

在「老虎」的階段，我們修習如何專一集中，同時也不矯枉過正……，接受並欣賞本然的自己。

〔第三部〕獅子

在「獅子」階段，我們思惟幸運之感。……欣賞珍惜我們是誰、我們擁有什麼，可以激發自己的活力、力量與意志。

〔第四部〕金翅鳥

在「金翅鳥」階段，我們把焦點集中在愛與仁慈上。……我們愈修習它，自己的心靈與心智就愈來愈廣大。

〔第五部〕**龍**

「龍」的階段意指我們的活動是基於智性與慈悲，我們不再只是為了自己而跑，而是為了利益他人而跑。

〔第六部〕風馬

在「風馬」階段，我們思惟自己的「本初善」。……感覺那份良善之感——對我們內裡最深處的存在具有信心與勇氣——是非常強大有力的。

全勝的毘盧遮那佛，
願您迅疾強健的雙足
帶領吾等臻至覺悟！

前言

一直以來，我始終喜歡做一些運動。身為一位靈性修行的導師與西藏喇嘛，我接受過馬術、弓道、金剛舞與武術等種種訓練。我總覺得從事一些體能活動是保持健康不可或缺的，它帶給人信心與熱忱。

直到近來，我才對長跑運動開始認真起來。因為它讓我有機會在戶外結識新朋友；它對我的康健和福祉也有很大的助益，並且也讓我以此來回饋社群。這於我已成為一種真正的喜悅。

禪修是我一生都在從事的活動，也是我所屬文化與靈修傳承的一部分。多年來，人們幾度要求我就心與身之間的關係寫下自己的看法，最後並有人邀請我撰寫一本關於跑步與禪修的書籍。當時我覺得自己需要更多做為一名運動員的經驗，所以我參加了幾個馬拉松賽，這讓我更深刻地洞察了此種訓練的過程。

對我而言，跑步與禪修之間的關係是很自然的，後者是心靈的訓練，而前者則是身體的訓練。不過，我並非一位長跑專家，因此這本書不是訓練手冊，而是將禪修的某些特定元素融合到跑步運動中的一本指南。在此，我提供了基本的禪修指導，解釋其中我發現有助於跑步的基礎原則，也含括了有助於整合禪修之心來跑步的簡要指示與相關主題。雖然這兩種活動各有其複雜性，但我將盡可能地保持主題的單純性，試著去顯示兩者的重疊之處。

禪修是我整體生命中重要且必需的成分，而將它與跑步的原則互相結合更是一個愉快的經驗。我希望讀者能如我一般享受這兩種活動。

快樂跑步，歡喜禪修。希望在蒲團或長跑小徑上與你相見！

自由❶

迫不及待地，戰戰兢兢地，
我把一隻腳落在另一隻腳的前面。
我是一個跑者——
在三界裡，沒有比它更大的喜悅。
當閃電擊中大地，
這是宇宙正在邁步。
當我的心與肺安置在我的手掌中時，
生命仰賴於呼吸與感覺。

口裡嚐到汗水的滋味
是什麼樣的熱情從它展現，
這鼓舞讓我穿過了

不信任、懶惰與做白日夢。
當我呼吸時，所有這些吹落之物，
飄移而過，如翻騰的積雲；
親眼目睹，一艘船航行越過
困惑、夏季與時間的水域，

在此短暫的旅程裡，細節是很重要的。
我品嚐到香甜之水的八種品質，
尊重送給我的這個人身禮物。
我陶醉於能擁有時間和空間與眾神一起跑步。
當我跑步時，我無拘無束地成為眾神之一——
我的水壺即是純淨的喜悅。
我的「古魯」(goo-ru)❷，究竟的甘露靈藥支撐著我。
此一生氣蓬勃的啟發，
讓我用啪噠啪噠的「爪拉」(drala)❸腳掌，
一路跑過這整個星球。

何等佛地我達不到呢？
我的雙腳踏上道路，漣漪影響全宇宙。

因此，當呼吸時，
我吸入那困惑、墮落與不快樂；
當呼氣時，我高舉膝蓋，
我的跟腱強壯，毫不脆弱。
以此驚奇的能量，
我躍入這個新次元，
只有以心靈、雙腳與心智的迅捷動作，才能得見。
願此不可思議的運動經驗
成為一切安樂幸福的泉源。

薩姜・米龐
二〇〇五年於新加坡

❶〈自由〉（詩作）錄自薩姜・米龐（Sakyong Mipham）一〇八首詩選《雪獅的喜悅》（*Snow Lion's Delight*, Nova Scotia, 2005），經香巴拉出版社（Shambhala Publisher）許可重印。

❷「goo」是高碳水化合物乳膠，跑者飲用它來維持自己的能量。（譯按：在此，仁波切用其諧音詞「古魯」（guru），這是藏語裡「上師」之意。）——英文版原注

❸「爪拉」（drala）：字義為「超越敵人之上」。當我們克服自己的瞋怒與敵意時，所生起之神聖與福佑的能量。

〔第一部〕

以禪修的心來跑步

01

以禪修的心來跑步

我們很早便起身了，悄悄地離開了寺院，試圖在今天上午的佛教儀式開始前來一段長跑。我們驅車前往附近的一個水庫，下車舒展筋骨。這時是清晨三點半，印度清晨的薄霧和夜晚的涼意仍然懸浮於空氣之中。我們既有點緊張又有點興奮，因為今天要跑一條新的路徑。

我們溜下路堤，發現路徑的入口處，並開始跑步，我們大多只用一種慢跑的步伐。水庫在一邊，與柚木林接壤的空曠草地在另一邊。雖然前一夜我們都沒睡太飽，但感覺上非常清醒。當我們經過綠草青青的鄉野，我的隨從喬許・思伯斯坦（Josh Silberstein）說：「仁波切！我們應當注意些什麼事呢？」我很快地回答：「是啊！我們要注意眼鏡蛇、豹、野象。哦！偶爾還有野狗。」喬許笑著問：「不！說真的，我們應該留意什麼？」盯著我的臉，然後他說：「哦！你不是在開玩笑的。」「當然不是。」我回答。在那一刻，他跑步的性質改變了。

我們穿過一米寬的污水坑和許多土丘，我們很快地就意識到有大象的蹤跡和牠們的糞便堆。我們跨越了讓我回想起非洲大草原的開闊原野，然後那路徑穿入大片蓊鬱的柚木森林，這遠古的森林在過去幾乎曾經覆蓋了整個陸塊。偶爾，我們會見到背著籃子的路人走過。

雙腳富有節奏的運動，讓我們的肢體感到安舒而鬆懈，新鮮的空氣也使身體振奮起來。我們保持警覺，不斷地覺察周遭的環境，這有助於我們住於當下。即使我們彼此間並無太多交談，卻存有一種無言的情誼，那是一種感激自己是活著且健康的深切感受，我們為自己能夠跑步而感到幸運。但這不是一般的跑步，我們正在訓練自己參加僅僅兩個月之後的波士頓馬拉松賽（Boston Marathon）。幸運的是，我們一路享受了印度曠野的風景，同時也沒有遇到太多的野生動物。

隨著朝日升起，我們回到南印度的南卓林寺（Namdroling Monastery），我在該寺禪修與研習佛學有很長的一段時間了。此次，我是前來拜訪上師——貝諾仁波切（Penor Rinpoche），並接受他的教導和灌頂。「仁波切」（Rinpoche）是西藏對高階喇嘛的尊稱，其意為「珍貴的珠寶」（precious jewel）。在藏傳佛教的傳統裡，修習某一種法門或開始禪修之前，弟子需要先受到上師的認可授權及傳法，這麼做能保持靈修傳承的純淨。在這種情況下，我接受了米龐（Mipham）法脈的傳承；我被視為西藏大米龐仁波切（Mipham the Great, 1846-1912）的轉世，他是西藏歷來最受崇敬的大師之一。

我一直感覺到跑步與禪修之間的自然關係，跑步可以支援禪修，禪修也可以支援跑步。跑步是一種自然的運動形式，它只是步行的延伸。當跑步時，我們強健了心臟，清除了停滯之氣，振奮了神經系統，並增加身體氧氣代謝的能力。它協助我們發展積極正面的態度；它也能產生精進、耐力，並為我們提供了處理疼痛的方法；它還可以幫助我們放鬆。對於我們大多數的人而言，它提供了一種自由自在的感受；同樣地，禪修是心靈的一種自然運動——一個增強、提振與潔淨心的機會。透過禪修，我們可以連接起自己原本具有、但被長久遺忘的良善（goodness）。感覺到良善之感，是非常有力量的，這是對我們內裡最深處的存在本質抱有信心和勇氣。

正如跑步，在禪修時我們放下日常所關注的事物——白日夢、壓力與計畫，我們完全地處於當下而進入「現在」（now）。經由此，我們加強了心的力量。我們的神經系統開始能夠放鬆，且能發展出欣賞與覺察的能力。我們的智性和記憶力變得更加清晰，能夠從多種角度來看待世界。我們不再受情緒高低起伏的局限，而能更容易地得到愛心、慈悲，以及其他正面的品質。也正如跑步，當打坐完畢時，我們覺得神清氣爽，其理由是相同的——因為它是一種自然、健康的活動。

人們有時會說：「跑步是我的禪修。」儘管我知道他們的意思，但在現實中，跑步是跑步，而禪修是禪修，這就是為什麼它們各有其不同名稱的緣故，它也如同「禪修就是我的運動」這種不正確的講法。我知道有些高階的禪修者已經能夠把自己禪修之心的

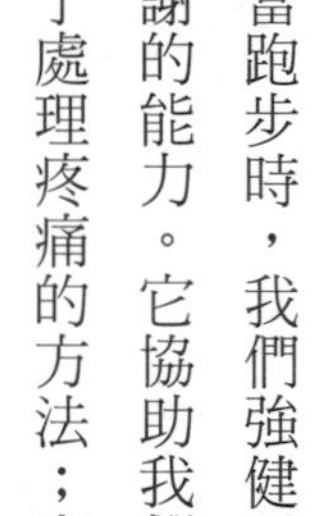

力度與輕安，帶入身體的氣脈、神經系統與肌肉之中，而變得強壯、容光煥發、柔軟而有彈性。西藏甚至有所謂「拙火瑜伽」的修行法門，瑜伽士能夠運用心的力量來控制其體熱，他們能夠只穿著一件棉披肩，而在攝氏零度以下的環境下打坐數個月。雖然如此，他們未必能夠在三小時內跑完全程的馬拉松賽。

同樣地，我們要以跑步來達到覺悟是不可能的，即使有些人試著這麼做過了。這不是選擇鍛鍊心或身體哪一個比較好的問題，更確切地說，這兩種活動是密切相關的，我們需要同時鍛鍊自己的身體與心。身體的本質是「色」(形式)與物質，心的本質是意識；由於兩者的本質不同，對其有助益者也各具不同的性質。運動對身體有益，而寂靜對心靈有益；當我們提供對自己身心帶有好處的事物時，一種自然的和諧與平衡就會產生了。以此統合一體的方法，我們便能快樂、健康且具有智慧。

即使是在古代，人們一般的理解是，當心智靈活而身體強壯時，就會覺得較為快樂。而在現代世界裡，我們也面臨著身心平衡之種種情境的挑戰。現在的我們睡眠時間少了許多，所以經常會覺得疲累。我們總是坐著或搭乘汽車、巴士，然後長時間地坐在設計不良的椅子上工作，這讓我們腰痠背痛、血液循環不良。我們環境的空氣品質甚差，所以我們變得更加容易緊張，更為疲累。

我們常常在醒來的那一刻開始就飽受壓力。鬧鐘的聲響停息了，然而這無法替代朝陽的冉冉上升。電子郵件、短訊、電腦工作、看電視等，都可能消耗非常多的精力。我們之中的許多人總是因為缺少時間，而不再能與他人有充分完整的交流談心；甚至連我們的食物也總是被操控著。

在身體和精神上，我們都承受著重負，為了妥善處理這些負擔，我們需要照料自己的健康。因為身與心之間緊密關連，經由運動減輕身體的緊張，就能立即影響心靈——心不再需要去處理身體的不適感。如果身體是放鬆而靈活的，就減少了一件讓心去擔憂的事情。因此，跑步的實際動作能提供心理的鬆弛，特別是遠距離的長跑，更能產生這樣的作用。

在我第一次教授禪修與跑步的研討課程時，我很驚訝參與的學員中有許多位是超級馬拉松賽（ultramarathon）[1]的跑者。當我考量他們的經驗時，這一切就顯得具有意義了。在你跑了一段時間之後，除了自己的心，你還會找到什麼呢？通過規律的禪修，你就能對治自己的那顆心。

跑步時所面對的是較粗淺層次的思惟、擔心和憂慮之事；而禪修則不僅能對治表層，它更能深入其核心。你可以運用簡單而直接的方法來進行禪修之道，這將有助於你從緊張的一天後恢復精力，或在作出重要決定之前清理自己的心緒。或者，它也可以讓你進一步理解實相的本質，直到覺悟。

❶「超級馬拉松賽」（ultramarathon）是指極遠距離的馬拉松比賽，通常超過傳統馬拉松競賽距離的四二·一九五公里（二六·二英里）以上，如五十公里、一百公里，以及多達數日、幾百公里等的極長距離。

02

建立基礎

在做為一名跑者的生涯裡，對我最重要的人物之一是蜜思娣・洽克（Misty Cech），她是科羅拉多州博德市（Boulder）長跑界中聲譽卓著的傑出跑者。我第一次見到她是在二〇〇三年初，於博德市推廣我的第一本著作《心的導引》（*Turning the Mind into an Ally*）❶的新書發表會上。蜜思娣被公認是一位極佳的教練，所以我聯絡上她來進行一次跑步。

我們初次見面時，她就說：「這樣美好的一天，我們為什麼不嘗試在戶外跑一跑呢？」那時我已經習慣了在跑步機上作短程跑步。由於博德市的海拔高度超過五千英尺，它並不是一處最容易開始訓練跑步的地方。我們繞著水庫而跑，蜜思娣輕快得像是一頭跳躍的麋鹿，而我卻只希望能跑完全程；我覺得自己更像是一隻幼犬，試圖緊跟著媽媽的步伐。蜜思娣很愛聊天，她說非常榮幸能跟我一起跑步，在此同時，我卻懷疑自己是否能跑完這一圈。

我可以感覺到蜜思娣想要問我一些事。當我們開始跑上一個大山坡時，她問：「仁波

切！我只有一個問題——佛陀與耶穌之間的區別在哪兒？」我回答：「妳想，是不是可以等我們跑上山坡之後再說呢？」就這樣我們開始了一段美好的友誼。

在我跑了一段時間後，蜜思娣告訴我，我需要想想如何「建立我的基礎」（build my base）；另一位跑者喬恩．普拉特（Jon Pratt）也如此地鼓勵著我。當時，我對這句老生常談的話感到有點茫然。我只知道，不論它意味著什麼，都涉及了大量的跑步訓練。

在建立我的跑步基礎幾個月下來後，我逐漸明白喬恩和蜜思娣所談論的是什麼。「基礎」原來是指跑得夠多，但並未過度，以建立起強固的骨架，以及肌腱與肌肉的力量。這會慢慢地增強我們基本的生理結構，使它可以更適合於跑步。它很類似禪修的第一階段，在這階段中我們著重於增強力量。

由於對「建立基礎」的過程感到好奇，我特別與我的整骨治療師彼得．古德曼（Peter Goodman）討論此事，他對身體的理解極為豐富。彼得還擁有跆拳道黑帶資格，所以，我總是跟他開玩笑地說他可以先把病人扯散了，然後再解決他們的問題。

彼得說「建立基礎」的理論是行得通的。首先，骨頭並非處於停滯狀態，它們不斷地在變化和發展。因為血管運行通過其中，經由跑步的施加壓力，它們變得更加強固，

❶《心的導引》（*Turning the Mind into an Ally*）一書中譯本由橡樹林文化出版，2006 年。

更有彈性；同樣地，肌腱因受到調節而更為堅韌，肌肉也會變得更加結實。

人們告訴我「建立基礎」約需耗時兩年，這似乎是很長的一段時間，我甚至不知道自己在兩年後是否仍然還在跑步；但事實上，它的確需要兩年的時間。這段時間內我的身體架構首先開始適於跑步，然後它變得更加精於此道。「建立基礎」是訓練我本具的肺臟、肌肉、骨骼與肌腱，使它們得以適合跑步的一個過程，並逐步地增強其能力。

這種以固有本具的身體結構，經由有規律、重複的跑步鍛鍊來加強它的過程，非常類似於禪修裡對心的訓練與發展。在藏文裡，「gom」即指「禪修」（meditation），它基本上意味著「習慣於」、「熟悉」，因此，禪修活動便是你要心熟悉於你要它去做的事。那熟悉的過程只是採取心自然本具的素質和能力——以井然有序的方式關注它們，從而建立自己的基礎。

心的骨骼和肌腱是「專注正念」（mindfulness）❷與「覺知」（awareness）。正念是心的力量，覺知則是它的靈活柔韌性。如果沒有這些能力，我們就不能運作。當我們喝一杯水、開車或與人交談時，都在運用正念與覺知。

除非我們訓練它，否則心只會以最小的效力來履行它的功能，就好像人的身體一般，例如肌肉與骨骼雖足以讓我們行走自如，但還不適合於跑步，除非我們加以調整、訓練。若缺乏鍛鍊的話，即使是保護孩子免於傷害的自然突發性動作，甚至是搭飛機、

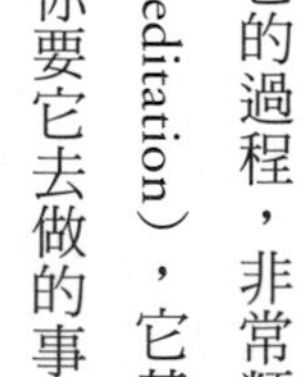

趕公車，都會讓我們筋疲力竭。同樣地，我們的心已經發展了足夠的正念與覺知去開車上班，但如果要長途行駛於州際之間，就可能缺乏開完全程的耐力。然而，對於經常長途開車的人（例如卡車司機）而言，便能輕易地辦到。

心與身體之間的不同處是，如趕公車而跑得氣喘吁吁時，沒有人會感到吃驚，也沒有人會生氣地對自己說：「我無法相信自己竟然不能跑廿六．二英里！（譯按：此所指的是傳統馬拉松賽的距離）」然而，當我們被長時間的工作、大量的電子郵件或為人父母的職責所淹沒時，我們就會變得急躁、喜怒無常、不開心，而無法體會到自己的心其實狀況不佳。我們認定自己應能處理一切，但這反而給自己更多的壓力。因為我們尚未建立心的基礎，當事情處理不來時，其實是不該感到驚訝的。

因為我是在一個禪修的文化中長大，所以，禪修對我而言一直是頗為自然而實用的。我的父親邱陽．創巴（Chögyam Trungpa, 1939-1987）仁波切❸，是西藏歷來最偉大的

❷「Mindfulness」一般譯為「正念」，但為了與八正道中之「正念」有所區別（彼「正」為「正確」之意），薩姜在此所說的「Mindfulness」所著重的是專注安止的能力，故完整地譯為「專注正念」，或簡稱「正念」。

❸邱陽．創巴仁波切（Chögyam Trungpa, 1939-1987），禪修大師、學者和藝術家，是七〇年代將佛法帶入西方的先驅者之一。他傳授金剛乘佛法於西方弟子；在科羅拉多州博德市設立那洛巴大學，這是北美第一所受佛教啟發而興建的大學；並創設結合禪修和世間修行之道的「香巴拉訓練課程」與香巴拉中心——迄今約有近兩百座遍布世界的修行、閉關中心。他也著作了數十本與佛法、禪修、藝術、詩歌和香巴拉勇士之道等有關的書籍，包括《突破修道上的唯物》（*Cutting Through Spiritual Materialism*，橡樹林文化出版）、《自由的迷思》（*The Myth of Freedom*，眾生文化出版）、《動中修行》（*Meditation In Action*，眾生文化出版）、《東方大日》（*Great Eastern Sun*，橡樹林文化出版）與《覺悟勇士——香巴拉的智慧傳承》（*Shambhala: the sacred path of the warrior*，橡樹林文化出版）。至今他的弟子仍不斷地結集出版其龐大、豐富的生前教示。

禪修大師之一，我的母親在年輕時即被譽為是天賦極佳的禪修者❹。我在這群具影響力、睿智和感召力的人們當中成長，他們闡釋了禪修的功德，以及照顧此心的必要性。對我而言，禪修就如喝水或散步般自然，我成長的過程便是禪修具有成效的明證。

西方文化本不屬於禪修的文化，在此的許多人當然對它並不熟悉，對某些人而言，禪修是很神祕的事。然而，近來有甚多的機會讓人們可以接觸禪修，並且也有更多的西方人對禪修感到興趣；特別是在減壓療法（stress reduction）的研究上，已證明它確具功效。

學習禪坐時，重要的是要有正確的導引和個別的指導。姿勢、態度、各種障礙和對治方法等，都需要良好的指導。所以，在此我將提出一些禪修的基本狀態與具有想像力的創造之處，來協助你建立基礎。

正如我前面所說，運動對身體有益，而寂靜對心靈有益，為了過一種平衡的生活，我們需要參與且積極行動，也要深化與休息。當我們在跑步、說話、工作等活動中時，心進行著交感神經的作用；而在副交感神經作用下，我們可以深化與休息，如果不以副交感神經來平衡交感神經，我們最終會變得極度興奮、不安易怒、情緒敏感。長時間因參與太多活動而刺激過度，則會開始影響到器官，以及血液的流動；而在心理上，我們可能會變得遲鈍或厭倦，最重要的是，我們將無法產生更深沉、更具冥想性的思惟。

當我們處於動態時，一般都在做一些久經試驗的習慣動作，只要我們在活動中，便很難去改變它們。通常要有某種悲劇或重大的生活轉變，我們才會緩慢下來，並激發自己去培養一種較深刻的副交感神經模式的興趣。就如我們在禪坐時，保持身體靜止、心靈放鬆，同時專注集中，正是極其有益的。但是因為我們不習慣於這樣的一種冥思狀態，它可能使我們感到不甚舒適；我們難以改變自己的習性。

禪修認知此一事實，那是它根本上所重視強調的。首先，我們在禪修中引介了「寧靜安住」(peaceful abiding，即「止」）的方法，這是靜止與深化的時段。當我們對方法感到得心應手後，便可以修習更深層次的思惟，在這階段裡，我們反思要如何過著一己的生活，並開始培養不一樣的心理習慣。在禪修中，我們是在創造心、腦且甚至是心臟的新路徑，這就是我們如何建立一個基礎的方式。

禪修亦如跑步，我們在從事一些與自己向來所做迥異的事。因此，尤其是在開始之時，我們不應該做得太過度。

❹ 薩姜．米龐仁波切的母親是昆秋．巴登（Kunchok Palden）夫人，以其修行精湛而著稱。

03 呼吸

生命即是呼吸，呼吸便是生命。根據禪修經典，我們每天呼吸二一六〇〇次。這種呼吸的能力與我們生命力的能量（life force energy）直接相關，呼吸使生命力的能量循環於整個身體。在我們的一生裡，這氣息緩慢地減少著。我們做什麼，我們如何生活，我們吃些什麼，我們怎樣運動，以及人際關係如何，這些對健康、呼吸都會有明顯的影響，因此也會影響生命力的能量。呼吸氣息的健康，以及我們如何掌握呼吸，是生命裡極為重要的面向。

呼吸與心的狀態有直接的關連。事實上，根據西藏醫學典籍，氣息的異常可能會導致不穩定的心理狀態。我們都知道，氧氣流量與血液的氧化跟良好的健康密切相關。感覺有點低落消沉、昏昏欲睡，可能是因為血液的流動不夠順暢，從而缺乏氧氣所致。

當我們呼氣與吸氣時，關注於出入息，對我們的身心是極其有益的；它有助於排除心

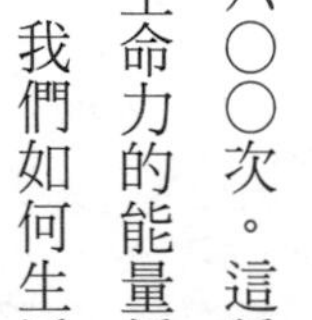

中的壓力、負面的思想、種種情緒與遺憾等。這就像在海洋裡的波浪，可以幫助水體的循環流動，使它不至於停滯敗壞。因此，當注意呼吸時，我們自動地處於當下，這能澄清我們的心理狀態。

一般而言，心理狀態會變得鬱滯，是因為我們在懷想過去和思索未來。如果心被困在過去，而指向一種回溯的方向，我們就會因而感到憂鬱陰沉或晦暗悲觀。如果認為過去才是我們生命中的最高點，之後發生的事件就會變得具有低迷沮喪的性質，因為事情看來似乎愈變愈糟糕了。在其他時刻，過度的反思過去將會帶來遺憾，讓我們追悔著過往的所作所為。

相反地，如果心住於未來，我們可能會黏著在那充滿希望的幻想之中，因此提供了一種虛假的樂觀，而不再那麼努力於正在從事之事。對未來過度的臆測會導致擔心和焦慮，因為我們不知道將來會發生什麼事情，這種不確定性將會帶來不安之感。

反思過去當然可以幫助我們認識到自己過往的作為，而後思考如何在當下做得更好。就前瞻並投射自己的祈願而言，未來是很重要的，但這應使我們回歸當下，因為那正是我們實現願望之處。

過去的事情已經過去了，未來的尚未發生，僅有當下此刻，才是我們生命之所在。「現在」即是那個操縱桿，它控制著此刻與生命行進的方向；而安住於呼吸是處於當下最有效的方法，它讓我們與現實完全地連接起來。

能夠認知到呼吸，然後欣賞呼吸，並密切地投入呼吸的過程，這便是禪修與跑步的關鍵。呼吸就像是我們所站立的綠色草地，我們往往不能覺察自己正站立於其上。所以，大多數的禪修者一開始時會難以找到自己的氣息，更遑論去欣賞它了。我們或是被妄念所分心，或是覺得觀照出入息枯燥無味。

因此，禪修是對自己的呼吸發展出興趣與欣賞的修習。當這樣做時，我們正是在對自己、自己的健康與生命力的能量顯示興趣，同時也在開發那種對一己生活與作為饒有興味的能力。這就是為什麼我們可以立即感受到禪修的好處的原因——由此，我們更能簡單地感知到生活，更加關注它、欣賞它。

最初，當禪修者剛剛開始發現自己的氣息時，它是粗淺的；而當他們漸漸嫻熟於方法之後，氣息的質量就深化了。以此所產生的力量與輕鬆感便開始擴散於全身。

同樣地，當人們開始跑步時，呼吸會非常粗淺。新手跑步者甚至常常傾向於屏住呼吸，或只使用了肺臟的一小部分。在呼吸變得粗重與短促的情況下，我們可能會承受不了。因為我們從未體驗過短促的呼吸，所以對它全然陌生。但當我們跑得更多，就能開始

輕鬆地呼吸，這可以透過更深層次的呼吸來達成它。

在成為熟練的跑步者後，我們即能了解人體的設計是適於呼吸的。事實上，我們的生理機能大多以呼吸為中心，例如肺臟佔用了軀幹和背部，手臂與腿的擺動即是唧筒的作用。

如果我們發展了與呼吸之間的關係，就不需要跟它纏鬥了，跑步者在直覺上就知道這一點。正如我們更加熟悉於呼吸的過程後，從本質上而言，我們是在發展一種與「活著」最基本層面之間的連繫。在禪修中，將注意力放在呼吸上，能使我們離於白日夢、擔憂、妄念與幻想，而讓心去從事一些健康的活動。

04

如何禪修？

我在孩提時便開始學習禪坐，那時我得坐著不動，並跟隨自己的呼吸一個小時之久。我發現自己的心念總是從一個想法跳到另一個，不斷地飛馳跳躍，注意呼吸與跟隨氣息似乎是件相當艱鉅的工作。基本上，我還未能坐得很好，我的心沒有足夠的力量能維持專注在禪修對象上一段時間。但經過短暫的修行訓練之後，我能很快地在幾分鐘內找到呼吸，並跟隨它。

在持續的修行過程裡，我使用過各式各樣的禪修方法——從簡單的集中心念、培養穩定性，到觀想、思惟修及使用咒語。所有這些有賴於發展正念的某些基本面向，這部分就等同於（跑步中的）力量訓練（strength training）；而發展覺知的部分，則可等同於培養（跑步中的）柔韌性、耐力與持久力。

在本章中，我將提供最基本與最有用的禪修指導方法。這過程基本上是為了關注於呼吸，即一般所謂的「跟隨呼吸」（隨息）或「正念呼吸」。它可引領人安住於寧靜（止）。

要培養這種禪修方法，首先要有適當的姿勢，以一種挺直和舒適的方式端身正坐，無論你是坐在禪墊或椅子上，脊椎保持直立與其自然的弧度；把手安放在大腿上，放鬆雙臂與肩膀；下巴稍微地內縮，眼瞼半閉而放鬆，臉頰與下巴也放鬆；舌頭放鬆，舌尖輕抵上顎；嘴巴微張。如果你是坐在禪墊上，腳踝應鬆散地交疊；如果是坐在椅子上，保持雙腳穩穩地踏在地板上。你的目光應落在面前六英尺❶左右。

讓你的心離於現前的念頭或擔憂，決然果斷地將注意力放在呼吸上，這就是所謂的「內住」（placement），這是調心九階段❷的第一階段，是加強與發展此心的過程。九階段分別為：㈠內住（placement）；㈡續住（continuous placement）；㈢重複安住（repeated placement）；㈣近住（close placement）；㈤調伏（taming）；㈥寂靜（pacifying）；㈦完全寂靜（thoroughly pacified）；㈧專注一境（one-pointed）；㈨平等住（equanimity）。前三個階段與穩定此心有關。

❶ 六英尺約一．八三公尺。

❷ 調心九階段分別是：（一）內住：收攝向外流散的心；（二）續住：心持續地專注於呼吸；（三）重複安住：心全然專注而穩定；（四）近住：以當下覺知保持心的清明；（五）調伏：心寧靜且柔和調順；（六）寂靜：與心結盟，體驗心本具的力量；（七）完全寂靜：以禪修之力，消融微細的念頭；（八）專注一境：心完全醒覺，不再散亂；（九）平等住：心與當下合而為一，禪修的完滿境地。可參閱另一本薩姜．米龐仁波切講禪修的著作《心的導引》（橡樹林文化出版，2006年）。

因為之前我們還未學會善用此心，我們的第一個經驗是心不斷地移動，一直充滿著種種念頭。這個階段被譬喻為瀑布，感覺上心念就有如洪流般氾濫相續。

最初，重要的是別因為充斥流動的念頭而感到不知所措或心灰意冷，只要簡單地認識到有多少念頭湧入心中即可。我們不斷重複地將注意力放回呼吸上，心會變得更為強壯，這就有如在健身房重複練習舉重一般。

呼吸本身是有節奏的、柔軟的、始終如一並具撫慰性的。我們於呼吸上禪修，即是在熟悉於氣息；經由這種熟悉，心才能在當下吸收正面與有益的素質。

接著，我們跟隨一個呼吸的循環週期。這是一般的呼吸，並無任何誇張之處。在呼氣時，氣息離開了嘴唇與鼻端，消失在前方約六英尺處；在氣息的盡頭，有個稍微的停頓——一種輕微的開放感。然後，我們又開始跟隨氣息循環回到嘴唇。

我們透過把心安置在氣息之上，而修習正念，這便是在強化自己的心，以建立基礎，這方法看似簡單，但它可使我們的注意力更為集中。此外，我們不去思慮其他的事情，所以，心自然地能夠平和安穩，這對心是非常有助益的。

接著幾個出入息之後，你可能會失去正念而追想當天所發生的事。所以，你的下一個修習便是不被妄念所分神，這需要「覺知」。你生起什麼樣的念頭都無妨，當你覺察到自己在思「想」時，只要認知自己在打妄想，並把注意力帶回到呼吸。你可以對自己說：「念頭，現在不是時候。」或提醒自己：「哦！我在思『想』著。」不必覺得糟糕，只要儘快而簡單地返回呼吸之上即可。這就是訓練「內住」、「續住」、「重複安住」階段的方法。

試著輕柔並堅定地把心放在呼吸上。當你覺知自己正在思想時，提醒自己回到呼吸。讓注意力遠離念頭而安住於呼吸，這即是禪修的焦點。在這簡單的形式中，僅只是專注於呼吸的過程，覺知自己在思「想」，並把注意力放回氣息上。

我們持續反覆地、重新以呼吸連繫起此心，就是在形成穩定性。能讓心安住於呼吸上，而不分心，這即是第四階段「近住」。我們的禪修是平穩的，心慢慢地被調伏，這便是我們如何從禪修中建立一個基礎的方法。當專注於呼吸上的能力已經安立時，我們便更加強了將焦點放在任何其他事物或努力對象的能力。

當你開始禪修時，試著每一炷香坐二十至三十分鐘。如果你的心還不熟悉於禪坐，而覺得這些較長時間的禪坐有困難的話，那麼縮短禪坐的時間或能有所幫助。即使禪坐十分鐘也是相當有益的，特別是如果在一天內重複坐個幾次。例如，早晨醒來後可以禪修十至十五分鐘，午餐前禪修十至十五分鐘，下午坐個十至十五分鐘，並且在晚間

也打坐十至十五分鐘。

即使你每天只坐十或二十分鐘，它仍然是很有幫助的。如同跑步，經常性地禪坐有助於建立基礎。而後，你會發現三十分鐘的禪修既快速又輕鬆，接著很快地你就能禪坐四十五分鐘至一個小時，再下來便可以連續坐上好幾個小時了。

當你禪坐時，設置一個計時器是很有用的。隨時查看手錶顯然並不太好，因為你會發現自己似有神通般可以把時間的流速減慢了。在傳統上，禪修者使用香枝，那不僅是一種香味的供養，其氣味也有助於讓人保持警醒；此外，它還可作為一種定時裝置。大多數的香枝大約可燃燒四十分鐘，香枝本身也可被折成兩截來使用。

清楚地標記禪坐時段的起始與結束也是很好的，這樣做時，你就是告訴自己要安排空間來對治心。在傳統上，是以敲擊小型的銅鐘或引磬來作提示，但你也可以在開始和結束之際行香巴拉勇士禮敬（warrior bow）——把雙手放在大腿上，將頭部與軀幹向前傾而鞠躬。你應該避免完全缺乏結構性的禪坐，這種不標明禪坐時段起始與結束的自由放任態度，不但會開始消滅禪修的力量，所產生的成效也會較少，就有如在健身房裡閒蕩而不鍛鍊一般。

在禪修時，一種合乎禮儀、賞識與清淨的感覺是很有幫助的。如果你衣冠不整、房間髒亂，而想要發展心的精確度的話，將頗具挑戰性。同時，禪修時間應該有某種程度的自然、輕鬆與安適，所以，它不致變得過於緊張與僵硬。每四十分鐘伸展雙腿並稍做移動，也會有所助益。擺動雙腳和腳踝更可以幫助血液循環，減少腿麻的機會。

如果發現坐在禪墊上會讓你疼痛不堪，那麼你可能要選擇比較厚實的坐墊，或坐到較厚重的椅墊上。你也可以利用短暫的行禪來搭配坐禪，我在本書第18章會詳述這一點。你還可以考慮按摩身體或做更多的伸展運動。

在禪宗道場裡，會以一塊扁平的香板敲打昏沉的修行者肩膀，在西藏的寺院中，則使用一種圓木棒或小鞭子，這些方法都是在使每個人能保持警醒。但在自修時，我們需要做自己的戒師，否則我們將會為所欲為而無人知曉。因此，我們於外在的結構性與鬆弛感間應具有一種平衡，而於內在的正念與覺知間，也應具有平衡，這能使得禪修兼具溫暖與清新的感覺。

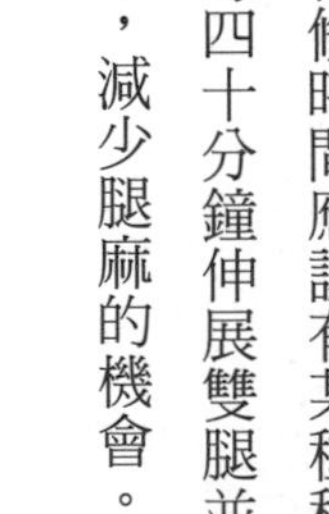

05

馴服馬兒

堪布剛夏（Gangshar）是西藏偉大的禪修大師之一，也是我父親的上師。他是一位卓越的學者，做為一個心智早熟的年輕人，他接受了一種混合了實用性與分析性的獨特教育，如古希臘時期一些偉大的哲學家所受的訓練。他並撰寫了好幾部有關禪修的書籍。

在其中的一部禪修書籍中，他問到：「什麼是最重要的，身體、言語或心？」然後，他檢查了每一項所有的優缺利弊。在身體上，我們能感覺冷、熱，可經驗到極大的快樂和痛苦；我們能跳舞、打坐、享受美味的食物。在言語上，我們可以唱歌、說話、與人溝通；以簡單的幾句話，我們結了婚；以其他的幾句話，我們也可以發動一場戰爭。在心的方面，我們可以有各種的想法與觀點、獲取知識，以及設想過去與未來；心甚至可以想像它從未去過的地方。

堪布剛夏最後作了結論：身、語、心（意）都非常重要，但「心」是其中最重要的。

心是國王，或者以更現代的語彙來說，心就是老闆。只有透過心，我們才可以開始驅策身體的運動和言語的音聲。若心更具能力，則能產生更深遠的影響。因此，我們必得要照顧這個心。

在禪修的傳統中，心的位置被認為位於頭部、心臟及遍布整個身體，然而，心與身最終是一個單一的實體，這是整體、合一或平衡集中的感覺。特別是呼吸與心之間尚有一種獨特的關係，在西藏，我們說呼吸就好像一匹馬兒，而心則有如騎士，因此，當呼吸是平靜與可掌握時，便能很容易地接觸心。藏語裡的「lung」即指「呼吸」或「風」，此風代表整個身體的運行與能量。

一種如憂慮等較為劇烈的思惟過程，會增強風的運動；愈是不穩定的風，它愈會運行全身。我們經驗到它就如躁動不安的妄念與情緒的高低起伏，這又轉化為壓力——阻塞的能量。當我們跑步時，那股風開始安定下來，淤塞之處也開始被清除了。

在西藏，我們有一個傳統的意象——「風馬」（windhorse；藏 lungta），它代表了「風」與「心」之間的平衡關係。「馬」象徵的是風與運動；一顆珍貴的寶珠騎乘在馬鞍之上，這顆寶珠便是我們的心。

寶珠是一顆清澈而能映現光線的石頭，它具有一種堅實的、塵世性的元素。你可以用

手拿起它，同時也可以看穿它。這些特質即代表心，它既是有形可觸的，也是半透明的。心具有最高、最勝的智慧能力，它可以體驗愛、慈悲與憤怒，也可以理解歷史、哲學和數學，還能記得購物清單上的內容。心真的有如一顆如意寶珠。

以一顆未受過訓練的心來思考，其過程就被描述為有如一匹狂野而盲目的馬，它反覆無常，並缺乏控制。我們經驗到心總是在移動——突然地躍動飛奔，思考著一件又一件的事，時而快樂，時而悲傷。如果我們從未訓練過自己的心，這匹野馬就會隨心所欲地把我們帶到它想去的地方。如果是這樣的話，它便不是負載著一顆寶珠，而是馱著一位傷殘的騎士。馬兒本身很是瘋狂，所以這是一個相當怪異的景象。透過在禪修中觀察自己的心，我們可以見到這種動態的作用。

尤其是在禪修的初始階段，我們發現要掌握自己的心是極具挑戰性的，即使想要掌控它，我們卻只有很少的控制力，就如一位虛弱的騎士。我們希望關注於呼吸，心卻老是出其不意地奔馳著，這就是狂野之馬。禪修的過程便是在馴服馬匹，以使心接受我們的掌控，同時讓它成為一位專業騎士。

一般在我們的想像裡，總以為禪修中不應該思想，然而這點是不正確的。在禪修時，真正發生的情況是，我們發展了那種想要思量才思量、不願想時便不去想的本領，我們是在開發那引導思想到所選擇、聚焦之對象的能力。例如，若要發展慈悲心，我們就訓練自己將念頭集中於慈悲，或那些讓自己生起慈悲心的人。如果我們發現自己在想著冰淇淋，接著又想著母親以前如何烘焙餅乾……，我們便是回頭騎上了野馬。我們本無意去思量這些念頭；當此心到處奔馳時，它自然難以運用，我們只會覺得疲累、沉重，且充滿壓力。

在禪修的初始階段，我們的確要避免過多的念頭。此時去思想的話，將會擾動刺激「風」，我們因而體驗到妄念紛飛。所以，在每一階段調伏野馬之心的方式，是把心帶回我們希望它聚焦的地方，在一開始就是要集中在呼吸上。

透過跟隨呼吸，以及開始調整呼吸，我們發展了一種穩定而有節奏的流動感——呼出與吸入，這種流動能使心平靜，就有如在訓練馬兒。每次馬兒因為想貪吃一口鮮草而要偏離路徑時——它或許是一個隨意的妄念或很大的幻想——我們就把馬兒帶回小徑；在這種情況下，那路徑就是我們的呼吸。

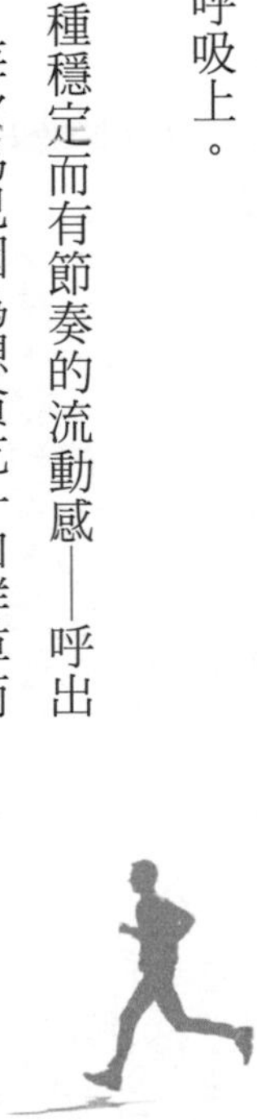

06

寧靜安住與思惟修

起初，按著禪修的方法來修習就好像帶小孩去上學，我們的心可能會因不想去學校而像孩童般蹦跳、尖叫。當我們把心帶回到呼吸上，便會經驗到這只是許多生起的念頭與情緒。然而，若以正確的學習動機和良好的方法——內住、續住、重複安住、近住——來禪修，我們便會是溫和而堅定的，心也會天天去上課的。

一旦心被調伏了，我們便進入了「寂靜」與「完全寂靜」的階段。我們開始能夠寧靜地安住，這即是藏語裡的「shiné」，也是人們所熟悉的梵語名詞「shamatha」（音譯為「奢摩他」，即「止」）。修習「止」正是人們之所以從事禪修的原因，我們在訓練自己減輕壓力。以簡單地置心於呼吸並安止其上的動作，我們發展出某種程度的寧靜，這是因為我們的修習是一心不亂的。在此「專注一境」的階段，我們的心已經不再散亂；而於下一個階段的「平等住」中，心則是強壯、平穩、清明與喜悅的。

我發覺教導跑步者禪修有時比教導那些非跑步者更加容易一些，因為跑步者對呼吸具有一種自然的感覺，對他們而言，運用呼吸是很直截了當的。但即使這是真確的，當我們在跑步時卻往往難以建立「止」。

為什麼呢？因為如果想要接近此心，得馴服野馬〔之心〕才行，這要透過不斷地運用禪修的方法才能達成。雖然跑步可帶來一些心理上的幫助，但這效果並不表示野馬已被馴服，而是馬的力氣耗盡了。經由運動，我們耗盡了身體裡的「風」；隨後會感覺平靜，那是因為「風」變得較為沉穩，心因而更能寧靜地住於當下。所以，心在跑步之後變得清明與寧靜，那主要是因為馬兒累了，而不見得是已被馴服的緣故。身體上的操練所帶來的心理澄明是暫時性的，當馬兒有更多的能量時，它就會想要重新開始東奔西跑。然後，我們必須再進行另一次長跑，再度把心力用盡。以跑步的方式來訓練心是偶發附帶的，而從禪修導致的寧靜與清明則是可以累積而漸增的。

一般而言，心中的知識會自行構建起來。我們今天學會了字母「A」，明天學會了字母「B」和「C」，最終我們學會整個字母表，然後就可以創造單詞與句子，在這之後，還能寫書。然而，身體的力量需要不斷地維護著，身體當然可以自健其身，但相對而言，心卻可能忘記知識。但大致上，身體經鍛鍊而獲得的好處是暫時性的，而禪修則能產生積累性的益處。

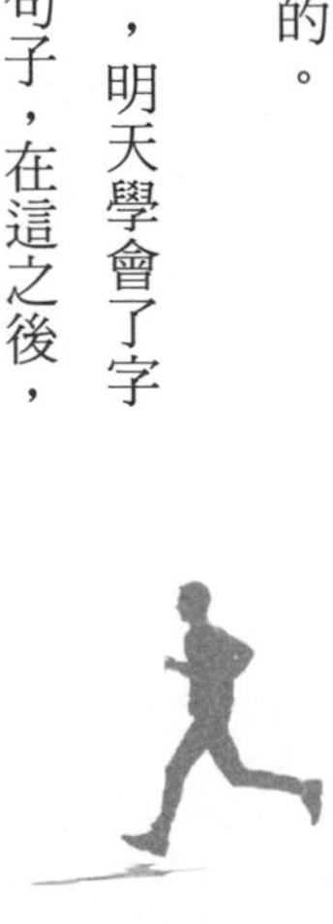

在理想的情況下，我們的日常生活可包括運動與禪修。修心法可以幫助運動員從身體訓練裡獲得更多，它可以幫助他們專心、聚焦，在比賽中就不會有消極的想法。同時，它也能讓運動員就自身發展出既溫柔且堅定的能力。對於禪修者或任何追求知識的人而言，運動有助於使身體不至於成為滋擾的來源。當身體並未感覺疼痛或不適時，我們的智性工作就會變得事半功倍。心與身兩者在究竟上都是我們應該珍惜之物；身體是那匹神奇的馬兒，心靈則是那顆神奇的寶珠。

寧靜安住的力量不應因它是初階修行入門之法而被低估，它或可能使我們體驗到輕安、清明或喜悅。但這些並非是指（外在共存的）「平行宇宙」（alternate universe），而是一個健全心態本具的特質。

當我們能夠以「止」穩定自己的心時，我們進展到另一種發展內觀的禪修方法，即藏語裡所謂的「lhakthong」，梵語為「vipashyana」（音譯為「毘婆舍那」，即「觀」），這些語詞意指「清晰明見」（clear seeing）或「勝觀」（superior insight）。以這種內觀，我們使一己的本具智性——「般若」（prajna）——更為敏銳。這第二種的禪修方法是更高階的，它基本上是一種教育心智的過程，使其能獲得正確的結論。為了達到此目標，我們使用概念作為架構。換句話說，我們用二元意識感——主體與客體、這裡與那裡、此物與彼物——以思惟觀修實相，來審察現實的真相。經由看待實相獨立於我們自身之外，我們產生一種方式來體驗它。真正的實相則是超越概念，超越「彼」與「此」

之二元性的。

在思惟修中，與其不斷地把心放在呼吸上，我們把心放在例如「布施」等某些有力的主題之上。當我們的心愈來愈熟悉這些主題時，它們開始留下印記。這方法以「詞語」與「意義」兩個原則為主。例如，我們決定要思惟「愛」，當我們愈是把心安置在這個詞語上，它就愈能生起愛的感受。

當我們跑步時，心中會充斥著各種念頭，所以，若我們訓練自己集中焦點，我們就可以引導它到某些主題上。例如，我們可以集中注意力於覺得幸運或感恩，若對此有足夠的熟悉度，這種思惟修就會變成我們的心態。

我常在跑步時，試著思惟利益他人的主題。雖然在跑步時我不見得在利益眾生，但是之後，我發現自己似乎更容易去利益他人。如果我們思惟幸運之感，而後可能會發現自己更能夠欣賞、感謝；或者若我們一直在思惟著愛，仁愛與慈悲之心可能更容易自然地顯現。即使跑步本身並非禪修，但跑步時我們的確花很多時間在心中默想，而在強化自己的聚焦點之後，我們便可以如是運用這種法門。本書的第二部至第六部包含了一些在跑步時可嘗試的思惟修主題。但是，我們仍然可以先從坐在禪墊上開始練習思惟修。

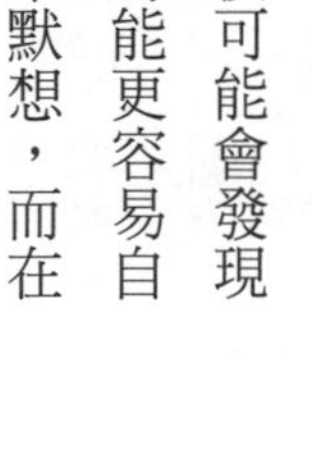

若修習得當，這第二種形式的禪修可引領我們發現智慧，這被定義為「非概念性的理解」。這是殊勝超卓的知識，超越了一般使用概念來了解事物的層次；智慧超越二元性，「此」與「彼」的構造消融了。這就是我們所稱的「覺悟」，在此，我們的知識已超越了過去、現在、未來等三世。

因此，我們可以僅僅把禪修當成穩定與強化心的工具，以達到某種程度的寧靜，或者，我們可以用它作為發展智慧的工具。但即使要開發智慧，我們也要從穩定與強化開始。如果我們如野馬般的心仍然奔馳四方，而騎士只一個勁兒地隨處鞭打它，這樣是難以達到明智、安詳與寧靜的。這也就是為什麼規劃一段正式的禪坐時間極其重要；藉此我們能馴服馬兒，而使騎士更加具有駕馭的能力。

07

起步的困難

不論是跑步或禪修，一開始是最具挑戰性的，之所以困難是我們試著要改變自己的習性。在跑步中，我們嘗試去改變身體的習慣；在禪修中，我們企圖改變自己的心理習性。在這兩種情境裡，我們都必須非常確定這是自己想要做的事。

開始訓練跑步時是一個脆弱的時段。我們的身體僵硬緊繃而不具持久力，且很容易感到疲倦。決心與努力是不可或缺的，我們正在讓自己久坐停滯的身軀變得積極活動。當心率和血液循環增加時，而我們卻覺得疲勞與緊張，這便反映出此轉型期的困難。

這一早期階段至關重要。如果我們練習過度，運動太激烈，我們便會停止；而如果不夠努力，我們就無法真正養成那種習慣。我經常建議的是在開始時做「走跑」（walk running）——步行間穿插簡短時程的跑步時段。這種溫柔而整合一體的方法，對於初學者似乎很有效。跑步不致變得太難招架，而在同時，那爆發式的短跑，能使心率上升、血液流通，即使是「超級馬拉松賽」的跑步者也會使用這種行走與跑步並用的技法。

事實上，當我介紹跑步給我的妻子康卓・次央（Khandro Tseyang）時，我鼓勵她以步行為主，偶爾跑個兩分鐘。因為訓練配偶往往是頗為微妙且具有挑戰性的，我擔心給予她太多的指導。但在幾個月後，她便能跑二十至三十分鐘之久。後來，為慶祝我們的結婚紀念日，我們一起進行了一個小時的長跑。我為她的進步感到驕傲，因為她並未過度操練，所以能達到這樣的成績。

起先，一如許多跑步者，我發現大約前二十分鐘是跑步中最困難的階段。我以為「我的身體還不是在最佳狀況」，因此很自然地會感到某種程度的不適。有時我甚至覺得自己跑不過幾分鐘，我的雙腿感覺沉重，似乎與軀體分離了。到了後來，當我狀況好得多時，起跑後我仍然會有輕微不適的時期。我於是理解到這與體能狀況是否良好無關，這只是身體與神經系統從靜態久坐轉換成動態活躍會產生的情況。

即使是現在，如果我停止跑步幾天，然後再開始時，我就會覺得自己似乎已失去了本來的體能。當我將此事告知教練蜜思娣・洽克時，她回答說：「仁波切！我不認為過去幾天來你失去了體能，只是身體內的神經系統需要再次被喚醒而已。」我發現這是相當真確的。

相反地，在禪修中，初始階段具有挑戰性的原因則與跑步相反——我們正在放慢速度。當我們開始坐下來打坐時，心裡可是非常忙碌的。它一直在快速運作，而現在我們卻要鼓勵它集中於呼吸上，運作要緩慢一些。在起始時，我們可能會感到不耐煩、焦慮不安，但這是因為心不適應於新的「速限」，而不見得是不適應於禪修本身。

在跑步與禪修之初，最大障礙之一是懈怠。懈怠的其中一種是「基本的懶惰」——我們無法把自己從電視或沙發上挪開。在此，只需要稍加訓練，即可告訴身體這是往前發動的時刻。甚至是穿上運動服裝，開始伸展肢體，也有助於我們離於懶惰。同樣地，坐下來跟隨氣息的出入，甚至只有五分鐘，也能使我們免於懈怠。懈怠的另一種形式，則是我們在忙碌、快速的生活中，不能挪出時間來做跑步運動或坐定下來禪修。

另一個起始期的障礙，特別會出現在禪修裡，那障礙便是「忘記教導」。即使已經讓自己坐到禪墊上，我們仍然會忘記怎樣去運用方法。我們受到的指導是專注於呼吸、放下念頭。然而，我們並未按照這些指示去做，而只是神遊太虛或是東想西想。這就像是我們穿上跑鞋、短褲與T恤，卻僅是在那裡站著不動一般。

雖然禪修的過程與跑步不同，但其工具卻是相同的，都需要有堅定的決心，並奮發努力。如果能通過起始的階段，我們便有可能會成功。顯然整個旅程將有許多挑戰，但在這兩項活動的開始，觀點與毅力可獲得很大的報償。

一開始，最重要的是兩者都不要做得太過度，我們有時會因自己太過熱中而做得過火。例如，有回我在印度東部的奧雷沙邦（Orissa）舉行為期四個月的宗教儀式，儀式自清晨五點開始，一直持續到晚上八點半或九點。舉行之地是在由我岳家所主持的重要藏傳佛教傳承日帕寺（Ripa monastery），我的妻舅是尊貴的喇嘛吉美（Jigme）仁波切，他也是社區的領袖，負責來接待我，他知道我喜歡運動。

當我抵達時，吉美仁波切告訴我，他要給我一個驚喜。我到了住所，很驚訝地看到一台跑步機。我不知道他怎麼把這台機器運送到這裡，但我真的很高興見到它。我敢肯定，我會好好地在未來的幾個月裡利用它。

我唯一可以練跑的時間是清晨或深夜，印度的濕熱似乎從沒有緩和下來的時刻。跑步機置放在一個非常狹小的空間裡；此外，因為整個社區是從獨立的發電機組獲得電力，所以還會隨時停電。

我發展了一個在跑步機上練習的良好常規，但我通常將練習時間保持在一個小時以內。在寺院停留三週後，我想在機器上做一個長時間的跑步練習是很好的，於是我跑了大約一個小時又二十五分鐘。為了要這麼做，我不得不在凌晨三點開始；更糟的是，我正在服用抗瘧疾的藥物，每晚只能得到四、五小時左右的睡眠。我在清晨四時半跑完。我有點累，但感覺還好。

接下來唯一的問題是，在我面前還有十六小時的日程。因誦經與儀軌等活動，整個儀式可能會變得非常複雜；此外，我坐在殿前的高座上，殿裡的廣大信眾都可見到我。

當天結束時，我開始感到疲倦、暈眩，顯然我跑得過度了。所以，後來有好一陣子我停止跑步，只集中於伸展運動。剩下來的逗留期間裡，我一直使用跑步機，但我始終未在跑步機上再跑那麼長的時間。

當然，我們都有自己的體驗。如果自我敦促不夠，我們便無法有所進展；但如果自我推迫過度，則會往後退步。所以，根據我們的現今狀況與正在做的事，可決定需要多少才是最適切的。就此意義而言，當下此刻總是某一種新的開始。

08

動機

跑步與禪修是非常個人化的活動，因此，它們是寂寞的。這種寂寞感增強了我們激勵自己的動機，因此是其最好的品質之一。藏語裡的「kunlong」（動機）意指「起來」（to rise up），字義即指心的面向能夠對應時機。當我們知道自己在做什麼及為什麼要如此做時，那一刻的靈感啟示就有如我們射出的一箭，不論箭頭射往何處，我們的心理與身體的隊伍都將追隨它。

當我教人禪修時，我要他們思惟自己的動機，因為我感覺到無論做什麼，我們辨識自己動機的那一刻是絕對必要的。這種思惟修很簡單：「我正在做什麼？我為什麼這樣做？」即使發現我們不知道自己的動機為何，或發現自己並沒有什麼動機，也是一個很有效、真實的跡象。不論我們是禪修十分鐘或十天，動機是不可或缺的要素。

同樣的道理也適用於跑步。以一刻良好的動機，我們能夠振作起來，出門跑上六英里。

相反地，若動機減弱，我們甚至很難從床上爬起來。

我開始跑步時，起先八英里似乎是一段遙遠的距離。當我的教練蜜思娣．洽克與馬拉松跑者喬恩．普拉特建議我參加一場馬拉松比賽時，我感到畏怯，那時的我甚至不知道馬拉松賽的全程有多遠。一如大多數人，「馬拉松」對我而言指的是「一段極為長遠的路程」，光是想像它就讓我疲累了，我的動機並沒有與之相應。

當我想著「我可以做得到」的那一刻，我的動機已讓心理的箭矢射出了廿六．二英里，於是我開始認真培訓。在幾個星期內，我的心已經完全習慣於跑完全程馬拉松賽的想法。我便登記了生平第一個馬拉松賽——多倫多湖濱（Toronto Waterfront）馬拉松賽。

我們從禪修中學到的工具之一，就是發展那種提振起適當動機的能力。我們學習觀照自心，注意到什麼能激發自心、什麼可以餵養那動機，以及什麼能夠去維持它。

在生活裡也許有一些能激發我們的人，或者我們可以被某一部電影、電視劇所激勵。例如，看到《火戰車》（*Chariots of Fire*）這部影片，使我馬上想去跑步。同樣地，觀看電影《永無止境》（*Without Limits*）——史蒂夫．普雷方坦（Steve Prefontaine）❶的故事，

❶ 史蒂夫．普雷方坦（Steve Prefontaine, 1951-1975）。美國一九七〇年代中程、長程距離的著名跑者，他曾經是多項紀錄的保持人。一九七五年不幸死於車禍，年僅廿四歲。他的紀律、毅力與奉獻精神是一代跑步者的典範。

他這麼全心獻身於跑步，也讓我深受啟發。雖然由外在很容易能找到靈感的來源，但終究最好的是生起自己的動機。如此，我們就不必總是等待下一次鼓舞士氣的談話。

整個動機的前提是，它是無限的。在禪修的傳統中，我們談到有三種動機：小型、中型與大型。生起小型的動機是，思惟禪修對自己具有助益——我們可以發展出一種良好的心態，這有助於緩解心理與生理上的痛苦。中等的動機是，了解到我們可以用禪修來發現實相的本質——在我們所有妄念與習性模式之下的是什麼。偉大的動機是我們可以達到覺悟，並進而幫助一切眾生。練習生起動機，無關於什麼是有可能的或什麼是不可能的，而是看到我們可以擴大、開展到多遠。當思惟自己的動機時，我們擴展了自己的心態，從只在乎自己而變為關懷整個世界。

你可以運用這小型、中型與大型的動機於跑步與禪修之上。調整步調是很重要的。例如，假設你完全沒有動機，立即就要擴展到擁有某種偉大的動機，那便可能是一個太大的飛躍了。因此，為了巧妙地運用動機，應從小型的動機開始。如果你因疲累而不想跑了，要求自己應該跑十英里可能只會覺得更疲倦。但以較小的動機，你可以說服自己跑個二十分鐘沒問題；然後，當你出門跑上二十分鐘，你便會感到心滿意足。在跑完二十分鐘後，你可能會發現自己甚至可以跑上三、四十分鐘。

生起動機並非試圖欺騙自己，它是擴大自心，提高其水平的一種方式。每一次跑步都

應有其意圖，有時你或許需要以更高層次的動機來挑戰自己。例如，你可能向來只跑十英里，但你以跑十二或十五英里來挑戰自己，即使最後只多跑了一英里，但那個動機已經把你往前推進了。

同樣地，你可能也要以打坐三十分鐘的動機來自我挑戰，而非僅僅坐個十五分鐘。或者，你也可以生起那種要密切關注修行方法的動機，記起你之所以要禪修的目的，是為了以對治己心來平衡生命中的活動。「動機」並非只是簡單地讓自己坐到禪墊上而已。

重視你的動機層次也有助於日常生活。如果你早晨起床時的想法是儘量少與任何人接觸，回家後要儘快地上床睡覺，那麼，白天內所發生的每一件事情大概都會讓你覺得易怒、煩躁，因為你認為它們會妨礙著自己。稍大的動機則具有迴轉的空間，它能讓你利用一天去欣賞其他的事物，例如存活的本身，允許更多事物自然地發生。當你在早晨醒來時，清楚地表達並擴展自己的動機，將具有改變你全天的力量。

除了小型、中型與大型的動機，還有短期性和長期性的動機。如果你要實現偉大的事情，就必須有一個長期性的動機。若缺乏長期性的動機，短期性的動機可能會變得單調。例如，如果你的長期性動機是進軍奧運會，那麼，在你的生活中，這驅策主題會使你所有的訓練配合那更大目標的遠景，從此長期性動機衍生出短期性的動機——你得每天盡心參加訓練，並定期提高標準。

就另一方面，如果你具有長期性動機但不具短期性動機，可能會變得不知所措，因為你不具備向長程計畫前進的方法。然後，你可能會失去長期性動機的遠見。當這種情況發生時，你的跑步或禪修次數會變得愈來愈減少，甚至可能會開始覺得它們毫無意義或難以招架。所以，保持這兩類動機的平衡是絕對必要的。

我們始終懷有某種動機，如果跑步或打坐的動機變弱了，而後坐著看電視的動機就會變得更強一些，這稱為「負面動機」，它恰好是動機的反面——心不上升，反而自內裡萎縮、崩潰。當感到不知所措或沒有動機時，我們並不是回到心的中立狀態，更確切地說，我們的心正在往下沉。這不一定是消沉抑鬱，而是心找到了為什麼它要無所作為——而非有所作為——的理由。當此心如是下沉時，我們就是已經說服自己不去做它了。禪修可以幫助我們看到這些心態的變化，一段時間之後，在跑步時我們也可以見到自己的心態。

跑步與禪修的成功與否，在於掌握自己動機的能力。掌握自己的動機，不見得是要驅迫自己非成功不可，那將是野心的表現。相反地，重點是讓我們看到什麼是具有可能性的。當我跑完第一次的馬拉松賽，伴隨著在場數以千計曾經接受刻苦訓練的人們，一部分的喜悅是來自那種體驗了實踐自己動機的滿足感。以適切的動機，我們自然是成功的，這是在比賽當日之所以能帶來那許多微笑的原因。如果懷有恰當的動機，我們全都是勝利者。

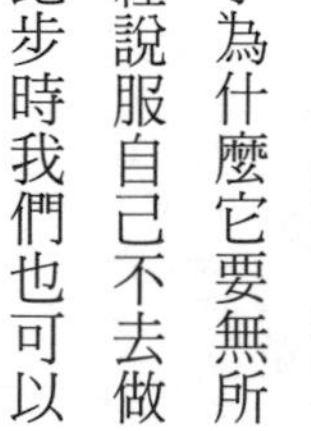

09

馬拉松賽

我第一次跑馬拉松賽──多倫多湖濱馬拉松賽，主要的目標只是單純地去完成它。在一個寒冷而灰濛濛的早晨，我永遠愉悅開朗的教練蜜思娣．洽克、經驗豐富的馬拉松賽選手喬恩．普拉特，以及專業的越野滑雪好手尼克．朝茲（Nick Trautz），一起伴隨著我參賽。我們曾完成夏訓，所以，對這次的比賽都充滿期待。

人們似乎對一位西藏喇嘛跑馬拉松賽感到很驚訝。多倫多香巴拉中心（Toronto Shambhala Centre）與當地的藏傳佛教界成員自願地前來支援比賽，一路上提供給我們水與能量膠。這些人大多從未參與過馬拉松賽，所以對每個人而言都是第一次，大家心中都充滿著好奇和興奮。

在寒冷的天候裡，我伸展著肢體、緩步預跑，等待比賽開始。那時，我決定穿上一雙新襪子，但我忽略了一句跑步箴言：「比賽當天不使用新的配備。」因為我缺乏經驗且是比賽新手，便以為一雙新襪子會對自己的第一次馬拉松賽有所助益。不幸的是，我很快就明白了這句話的意思。

我們進入了起跑區。槍聲響起，一開始沒有太多動靜，因為我們皆簇擁在一個大群體中。但後來群眾移動了，於是我們開跑。我很緊張，因為這天是我此生中跑得最遠的一次。做為一個跑者，我的策略是起先不必跑得太快；做為禪修者，我的策略是全程保持處於當下，並放輕鬆。許多選手一下子就超越了我們。

我們通過多倫多的街頭，與數千人一起奔跑。跑了大約一英里後，有個騎著自行車的人喊著：「只剩下二十五英里了！」這聽起來不會令人感到太多的安慰。在前幾英里我跑得相當好，但很快地我發現到襪子正摩擦著腳部。到六英里左右，我的腳開始長出一個水泡。蜜思娣問我感覺如何，除了水泡，我感覺很好，但我知道它可能會威脅到我的比賽。

過不了多久，我能感覺到那水泡增大了，覆蓋了我的左腳前部，並延展到腳掌中段，我的腳痛得抽動起來。當喬恩問我感覺如何時，我知道如果提起水泡只會讓他擔心，所以便告訴他我還好。

從禪修中我了解到，不能讓那疼痛偷走了我的心，因此，我雖注意疼痛的感覺，但是

並未讓它主宰我的心理空間。這是一種微妙的平衡——我不想忽視痛苦，所以我關注它，同時又不能讓它佔據我。相反地，我專注於感謝因身體的健康而可以參加比賽的幸運感；我也欣賞那涼爽的天氣與跑步的同伴們。

到比賽約十二英里處，我知道自己需要做出決定。如果我打算繼續跑，就得把水泡弄破。在我未告知他人的一個不安時刻裡，我用力往下踩踏腳部，直到感覺水泡破了，然後就專心於跑完比賽。

比賽的大部分區域是以央街（Yonge Street）為主，這是北美最長的街道之一，可直通多倫多市中心。當我轉個彎時，便看到一個人騎在自行車上對路過的選手叫喊著，我想他可能是瘋了，但實際上他是一個「自行車打氣者」，在那裡激勵跑者。他喊道：「這是你展現所受訓練的時刻！」我想：「他說的可沒錯。」經過長期的訓練，並且只剩下幾英里的賽程，我下定決心要好好地完成。我增加了速度，在那幾英里內，我們超越了那些開始時跑得太快而現在緩慢下來的選手們。我們起跑時所採取的和緩步伐現正顯現出成效。

我們抵達市中心，數千人尖叫歡呼著。最後幾英里顯得特別漫長，因為人們不停地喊著：「你幾乎完成了！」但這不是真確的。最後，我們終於看到了終點線，身體已經完全地筋疲力竭，但當跨過終點時，我們都笑了，整組人都做到了。我收到完成賽事的獎牌，還有人把香蕉和礦泉水塞進我手中。我走向等待我們的信眾與朋友們，大家都非常愉快且驚訝於我們能跑完全程——尤其是當我開始一瘸一拐跛行的時候。

我的家庭醫生米切爾・李維（Mitchell Levy）在場關切著我的情況。當我告訴他腳起泡時，他說：「那還不壞，你剛跑完一場馬拉松賽呢！」但是當他一看到傷口，他叫嚷起來：「我的天啊！」通常以較佳的臨診態度，他會說：「這並不太糟。」但事實上，傷口看起來並不太好。那腳底的水泡大約有四英寸半大，我的襪子與鞋子完全浸在血泊中。其他的跑者都嚇住了，他們說希望我早些告訴他們，但那沒什麼意義。那是個戲劇性一天的戲劇性結束。

我們回到旅館，沖過澡後便去參加慶祝晚宴。當我們前往幾條街外的餐廳時，身為東道主的塔拉・思隆（Tara Slone）問說：「您想要步行或開車過去呢？」我轉向她，微笑著說：「妳以為呢？」

10

虎、獅、金翅鳥、龍

我開始跑步時，僅把它當作是多獲得一些運動的方法，然而很快地，我發現自己在跑步上運用了此生學過的某些禪修原則，這將我的訓練開展為虎、獅、金翅鳥、龍的四個階段。在香巴拉（Shambhala）的勇士傳統裡，這些動物被稱為「四威嚴」（four dignities），它們代表了一位勇者的內在發展。這理念是去發展平衡性與完整性，其成果是強健的「風馬」——帶來長壽、健康、成功與幸福的能力。

香巴拉曾是中亞一個古老的國家，其中的統治者和子民皆證得甚深的覺悟。據說其整個社會建立的前提，即是人類固有的本初善（basic goodness）。

香巴拉教導「良善」是我們的基礎，而「輝煌」（splendidness）則是我們自然的存在狀態。這些素質既非精神性的，也非世俗性的，而是本具的，等待著我們去發現。

千百年來，香巴拉的教法代代相傳，而我即是這些以英勇為特旨之教法的繼承者與傳承持法者。一個人可以勇敢地、無有瞋怒地參與生活，所以，香巴拉之道是一條勇士之道。

勇士之道的過程從「老虎」開始，這是指正念的原則，從而達到滿意知足。在這個階段中，我們學習方法技術，練習綿密專注，這是建立基礎的時候。在「老虎」的階段，我們修習如何專一集中，同時也不矯枉過正，因此能在同時間發展「溫柔」。總之，我們以正念與專一集中，接受並欣賞本然的自己。

香巴拉教導說，老虎對自己友好，也對別人憐憫恩慈。在禪修的範圍內，這意味著我們接受自己，並欣賞他人。從跑步上來說，「對自己友好」就是指親切地善待我們從事跑步運動的心；「憐憫恩慈」則是指仁慈地體恤自己的身體。

老虎因為完全地體現了信心，而顯得強壯有力。牠並非凌亂不整、盲目無心的，或總是〔莽撞地〕被樹樁絆倒、折斷樹枝；相反地，因為牠能完全掌控其生命，而使得牠能以優雅和力量來行動，這便是體現的原則。此外，牠極為小心謹慎；「小心謹慎」在此指的不是普通的「小心謹慎」，而是指其最佳的品質。我覺得這是一個描述跑步初始階段的好方式；當我們剛剛學習要穿什麼運動服才適當、如何保持姿勢、跑多或跑少時，與其輕率莽撞地跑過頭，我們多少要小心謹慎，監看自己的精確度與力量的發展情況。

第二個階段是「獅子」，這與喜悅有關。在西藏，雪獅被描繪成跳躍於喜馬拉雅山脈開滿野花的草原，牠因為享受著新鮮的山間清氣而活力充沛。在香巴拉的教法中，這一階段的訓練與良好行為所帶來的喜悅相連結。「獅子」顯示了善德的力量——慈悲與仁善的力量更強過自私與瞋怒。

因此，我們說獅子是振奮昂揚的。我們如老虎般地精進努力，所以，現在我們正享受著康健以及它所帶來的自由。我們已經建立了堅實的基礎，並知道如何跑步，所以，可以卸下手錶輕鬆地出門，不必太在乎要跑多少英里，或多快要停下來休息，我們盡情地享受大自然、街景與存在之樂。

第三個階段是「金翅鳥」——一種神話中如老鷹般具有兩隻手臂與翅膀的鳥類。當金翅鳥孵出時，牠馬上就能展翅飛往任何方向，鳥瞰下方的一切。傳統上，此一形象代表的是心不可思議的力量與威權，這就是為什麼金翅鳥被認為勇猛無畏的緣故，這種勇猛無畏不是魯莽率性，而是使人敬畏之感。當禪修者進入「金翅鳥」的階段，他們不再試圖思索如何打坐，他們已經掌握了方法，並超越了希望與恐懼的參考點。對於跑步者而言，訓練階段中的勇猛無畏意味著我們擁有充分的能力，而且已經有所成就，現在我們可以開始挑戰自己了。這可能引發一些勇敢無畏的跑步路程。

這四個階段的最後一階段是以「龍」為象徵。龍飛行於天空，總在雲間顯現，因此，

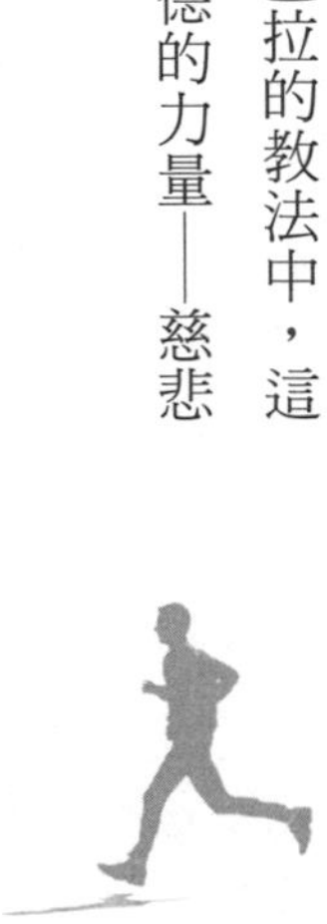

會令人產生一種神祕的印象。在亞洲文化中，龍不是一個讓人恐懼並被屠殺的生物；相反地，牠代表智慧、智性、遠見與一切遍知。在跑步裡，「龍」的階段意指我們的活動是基於智性與慈悲，我們不再只是為了自己而跑，而是為了利益他人而跑。擴展自己，我們與眾人一起為某個慈善事業或某一目標（例如世界和平）而跑步。

這「四威嚴」的階段是漸進的，一個階段引致下一個階段。同時，它們也是兼容並蓄的。在「獅子」、「金翅鳥」、「龍」的階段，我們從不忘記「老虎」，因為這些概念是相互依存的。有鑑於此，「龍」的成分也在「老虎」之內。每個階段都只在強調某一特殊面向而已。

如我跑步時，我覺得應用到「老虎」、「獅子」、「金翅鳥」與「龍」的原則，帶給我的訓練多樣化、趣味與享受。當完成了不同的階段時，我感到非常滿足。最重要的是，運用這些原則讓我以跑步來造福他人，我可以與全世界分享我在跑步時所感受到的喜悅。如你在下面的章節中將會讀到的，在跑步與禪修兩者中，可有許多長程和短程的方法來運用這些簡單的原則。它們代表了心智與心靈的發展，從起始一直到完全覺悟。

〔第二部〕老虎

11

專注正念

以禪修的心來跑步，其中最關鍵的要素之一是尊重你的心與身。在「老虎」的階段，我們集中於正念，留心於自己的呼吸、姿勢、念頭、感覺，以及我們帶進活動的心態。

在禪修與跑步中，「老虎」階段向你顯示出自己以前從未注意到的事情，你得到一個親睹己心——它的長處與短處——的機會。「老虎」因為其本身的謙遜與誠實，所以能夠精神煥發。

當我剛開始禪坐時，〔指導老師〕要我密切覺察自己的呼吸——它的質地、它離開我嘴巴與鼻孔的感覺、呼氣時所需的時間、吸氣時的感覺如何。以這些簡單的指示，我發展了正念的基本技巧——就只是在一個簡單的個別動作中處於當下。

專注於呼吸有什麼困難呢？一開始時，這是十分具有挑戰性的。當你跟隨氣息時，感官的覺受會讓你分心，例如沖泡咖啡的香氣，或一部巴士的聲音。這些使人分神的事物會刺激念頭，心便會傾向於追逐它們；在那一刻，你失去了原本把心集中於呼吸的打算。當心飛快地追逐它所見、所聽、所想的事物時，這便是分心——正念之賊。

我們以正念來訓練自己專注於某個對象的能力，並能持守不忘。我們是在訓練心的肌肉，愈是練習正念，它就會變得更強。我們就像一個孩子在健身房裡，一開始時只能舉起兩磅重的啞鈴幾秒鐘，而後我們的心散亂了，便會放掉啞鈴。在舉重訓練中，我們繼續鍛鍊自己，並增加啞鈴的重量，自然而然地，我們的身體必定會變得更加強壯。在禪修時，如果我們繼續練習正念，心同樣地也會變得更為堅強有力。

在「老虎」的階段裡，我所接受過的最好建議是「要溫柔」。我們以禪修的心來跑步，並不是要給自己添麻煩。有一句與「老虎」有關的香巴拉座右銘是「對自己友好」。一位好朋友會以最好的意圖為我們設想，他們不會對我們叫嚷：「你真是個差勁的禪修者！」或「你根本不能跑步！」他們會鼓勵、提醒我們什麼才是我們開始從事跑步或禪修的初發心，且幫助我們堅持下去。最重要的是，朋友希望我們去做那些最能助長我們進步的事情。因此，「對自己友好」意味著提供給自己一點靈活性、誠實與幽默。能結合正念與友善即是最理想的狀況。

當開始禪坐時，起先我們能夠持念於呼吸三十秒鐘，然後四十五秒鐘，再下來一分半鐘。以溫和、柔軟的態度，我們不斷地提醒自己是在累積力量。我們的心漸漸地愈變

愈強，因此，將更能專注。這樣的專注有利於從事任何工作，因為我們的感官覺知會更加敏銳，記憶力與集中力也更為提高，而我們更能夠完整充分地待人接物。

培養正念更大的一個好處是穩定力，我們正在訓練自心持守於其意圖上。我們運用正念就如同放風箏的線繩，以此使自心不去跟隨那些正面或負面的念頭之風。正念所帶來的穩定性，讓我們的心較不會狂亂或憂心忡忡。當人們說禪修使他們平靜，所指的往往是這種心的穩定性。一顆穩定的心，是能創造一個更幸福、更滿足之人的基礎。

正念帶來知足與滿意。我們所需的只是自己目前所擁有的，不需要其他，就如一頭安然自得的老虎。老虎完全地處於當下，當我們完全處於當下時，會投射出更大的健康與力量；心理上我們會感到安適自在——很簡單、自然地，我們就會快樂得多了。這也就是為什麼人們繼續禪坐的原因，因為它能帶來一種基本的健康之感。在這種健康的狀態中，心更容易產生積極正面的想法，因而有積極正面的行動。許多這些正面的想法，事實上早已存在於心的表層之下。

如果在禪修時無法集中，不能保持專注，我們將會懈怠且放棄禪修。由於我們對自己不友善，而讓自己活受罪，整個禪修經驗變得非常痛苦。或者，我們也許著迷於自己的專注定境，沉醉在禪悅裡而變得執著，自己也會因而分心，遠離於當下。正念本身是一種相當中性的心的活動，你可以運用它來持守任何事物；當你做不到時，並不是正念給你苦頭吃，真正的罪首其實是你偏離焦點之後的反應。

正念不在乎你是否持守（禪修的）對象。所以，當忘記要持念於呼吸之上或其他用來禪修的對象時，你應該溫柔地對待自己。禪修初學者在認識到自己不再處於當下時，往往會對自己太過嚴苛或太過放任。我們應該要溫柔而堅定地對待所發生的一切；若對失念反應過度，則將會鼓動更多的妄念生起。「溫柔」即是關鍵。

如果我們不致力於保持正念，在禪修中真切地穩定自心，不可避免地我們將無法體驗其成果，可能因而會感到沮喪，並就此放棄。我們的心飛躍奔忙，實際上會加重身體的負擔；我們的神情會看來緊張而委靡不振，比較像一隻受驚的麋鹿，而非一頭昂揚自得的老虎。幸運的是，我們總是可以透過提醒自己禪修的利益，溫柔、友善而堅定地重新施行正念。

在「老虎」的階段，我們開始建立做為一名禪修者和跑者的特質。我們可以清楚地看到自己集中或不集中的程度，也開始看見自己有多少的念頭，並驚訝於它們的不規則性、離奇性，還有些想法甚至相當負面。也許我們能夠跑步，但不再僅只是要逃避自己，因為我們已經發現了保持正念是種什麼樣的感覺，這種理解是在禪墊上與跑步路徑上獲得成功所不可或缺的。在後面的章節裡，我們將探討如何把專注正念運用於跑步上。

12

姿勢

在「老虎」的階段，我們在開發心的力量與專注。以正念與溫柔，心可以發展那知道自己正在做什麼的能力。僅僅只是簡單地注意自己的跑步姿勢是極有幫助的，所以，我們要集中注意力在姿勢上。

這部分的訓練，包含檢查自己的姿勢，確保身體是對準均衡的。就如同禪坐的姿勢，跑步的姿勢也需要平衡與對稱性。如果跑步時肢體不對稱，你可能會讓某個關節或其他關節承受更多的壓力，因而造成不自然的角度，導致運動傷害。

我們通常會經由角度錯誤的椅子或懶散的姿態，導致不良的行、坐姿勢，而製造出緊繃的肌肉與不均衡的身體張力，所以，跑步姿勢在一開始就可能缺乏平衡與校準。現在，如何培養良好跑步姿勢的習慣，其方法即是去注意它。這種正念也可讓你在跑步後具有更好的姿勢。

跑步時可能會有許多的干擾，讓你無法一直將注意力集中在姿勢上。你可能要避免迎面而來的車輛，並偶爾朝下看一看手錶，或從水瓶裡喝口水。「老虎」階段的重點是花較多時間集中注意力於自己的跑步姿勢上。

如果發現心已從姿勢上移開，那麼，在每一次呼吸時把心帶回到姿勢上。你可能會分心，並忘記要這麼做，但是當你覺察到時，這樣去做即可。四十五分鐘的跑步中，若能有十五分鐘記得把心帶回到姿勢上，這對身與心都是有益的。

有許多種強調不同跑步姿勢的方法，我已經嘗試了其中的一些，但我總是回到禪修中所發現的有益方式——感覺那通過我軀幹中心、從肚臍往上至嘴巴與鼻孔的連接感。我跑步時會放鬆眼睛的視線，把一般集中於頭部的注意力轉到軀幹中心上。我讓眼睛去看、耳朵去聽、鼻子去聞，但不刻意專注它們；然而，若是在烹調中，我將特別關注那些感官的覺受。

我使臀部的骨盆微微前傾，這能讓脊背的弧度自然而不勉強。我儘量保持直立的姿勢，強調頭部與肩膀的部位。我也試著記得肺不只是在身體前面，更伸入身體後面。直立的姿勢可以讓心血管系統獲得最佳、最有效的運作，在禪修時，如果背部彎曲拱起，長期下來不僅會造成身體疼痛，也往往會產生更多的念頭。

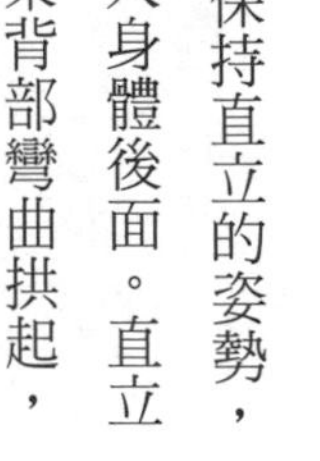

因為我們將跑步視為一種以腿部為主的運動，所以，許多初學者並不保持軀幹的挺直，往前傾的姿勢會對肺部造成壓力，驅使頭部向前伸，因而增加了身體前方額外的重量，讓你失去平衡；這也會造成脊柱不必要的壓力，扭曲了五臟六腑。一如禪修，跑步是一種結合鬆弛感、良好姿勢與對稱性的獨特組合。當我們注意自己的姿勢，運用一些紀律來撐持身體，喜悅與新鮮感便會生起。良好的姿勢能帶來優質的禪修與跑步。

初學者往往認為把腿抬得特別高能增加跑步速度，然而，「跑得好」是指知道你某一特別的努力會得到什麼樣的成果。當我跑步時，我只抬高雙腿到可以產生一個較有效率的步幅，這意味著盡可能地減少腿部的運動。當然，在衝刺時，為了達到不同的結果，我可能會採取不同的方式。

當你跑步、感覺腳踏在地面上時，注意腳是如何著地的。你是以腳跟、腳腹（腳掌中段）或腳掌前段來著地？如果腳過度內翻或外翻，你可以用正念開始平衡這種傾向。

有天，我的整骨治療師彼得．古德曼對我說：「透過你禪修的力量，你已經重新訓練自己以一個更好的角度來著地。」在跑步中，我的腳傾向於內翻，但我現在較能夠以腳的中心部位來著地。這並不令人感到意外，它是經由留心注意來達到的。當然，我們都有些天生的傾向，我們的身體也都各不相同，有鑑於此，也許沒有一個所謂完美的跑步形式，而是一種最適合於自己的形式。

我特意努力用前段腳掌（第二腳趾下方）的部位來著地。當這麼做時，我可以感覺到那條通過腳掌中段、上通脛骨與大腿，還有通過髖關節的壓力線。我儘量放鬆臀部，並記得胸骨後方的脊椎與大腿內側之間的腰肌啟動著舉腿的動作，這肌肉實際上是從胸骨後面與下方的脊椎處開始延伸。所以，我想像腿部直接起自胸骨下方、軀幹與上背部，因為這是髖部屈肌開始啟動腿部動作之處。如此觀察，有助於整合上半身與下半身。然後，我放鬆胳膊和手臂，讓它們自然擺動。在跑步或行走中採用整合全身的動作，身體會流動自如，如草葉在風中飛舞。

如果我們太過集中注意力於生活的其他方面，便可能不會太注意自己的跑步，我們的跑步可能因而缺乏參與感，而由於不夠留神，就可能會絆倒或摔跤。因此，在開始跑步之前，我會先確定目的地或所要跑的時間長度。在此基本的參數內，我儘量試著放鬆，有意識地放下任何其他的活動、計畫或掛念之事。這是享受跑步及其利益的必要成分。

另一種在「老虎」階段可以使用的方法，即是跑步時的數息法。找個安靜的處所，把目光落在前方約十五至二十英尺適恰的距離，注意自己每次的出息與入息。假定你不是在短跑衝刺，每一個完全的出入息可以跑十步。這種方法應以悠閒的步伐來進行，而且不可用在人車來往太頻繁的地區，路面必須平坦。

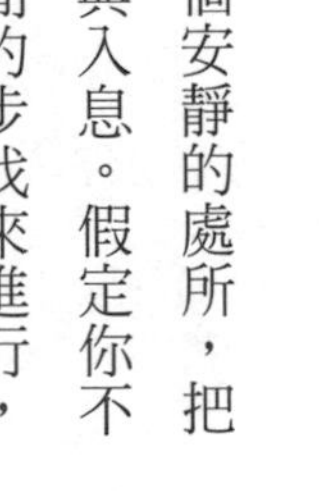

默數十次呼吸後，再從「一」開始數息，以此方式，你可以繼續數到一百個呼吸。如果你發現自己漂流於幻想中，就回到姿勢上。看看自己所在之處，感覺腳下的大地；觀看跑步路徑、人行道與樹木。然後，當你回過頭來時，就可開始再度注意呼吸，並恢復「老虎」階段的訓練。經過這些練習，便可找到一個不太過緊張的良好平衡；否則，你可能會被東西絆倒，或未看到一輛來車。相反地，如果方法太過鬆懈，你會發現自己老是在胡思亂想。

其他「老虎」階段的跑步方式，例如，在跑步時不戴耳機，或如果在健身房運動時，不去閱讀雜誌或看電視，或如果通常愛與朋友們邊跑步邊聊天，那麼，就享受看看在沉默中跑步的滋味。你也可以注意環境裡的各種元素，若它是冷的，去感覺寒冷；若它是熱的，去感覺暖熱。

如果你經常佩戴耳機跑步並開始注意到身體的不適，這可能是一個脫下耳機、對治此心的大好機會。你會認識到很多的疼痛是心理上的，不必因此而恐慌。深呼吸到那個疼痛裡，並且放鬆。如果你需要伸展肢體，停下來，做一些伸展運動，放慢你的步伐。在這種時刻，提醒自己跑步的種種好處是很有幫助的。嘗試去激勵自己，當心中生起消極的想法時，試著以積極的想法取代它們。

13

感覺

在禪修之始，人們常常會遇到身體上的困難，這些感覺大多來自於不習慣長時間靜坐不動。過了起初的安頓階段後，背部或膝蓋可能會略微抽緊，疼痛便可能出現。你也可能會覺得身上發癢，或有其他細微的刺激。

這一階段即稱為「對感覺的專注正念」，這是一個我們修行進展上的自然階段；這些刺激大部分是心理上的。我們已開始安頓於自己的身體，而心開始注意到微妙的感覺變化。這類輕微的刺激，大多可置之不理，心自然地就會開始放鬆。如果覺得過度刺激不適，你應該挪一挪、動一動或抓抓癢，漸漸地你將能夠評量該做些什麼。但是，如果我們是具想像力與現實性的，就可以用不同的方式繼續禪修，而不讓身體上的難題侵害了禪修的成就。

同樣地，當開始跑步時，我們會注意到各種不同的感覺。某些選手發現這些感覺令人煩躁不安，於是儘量避免去關注它們。這是可以理解的，因為這些感覺有時真會讓人感到不舒服。然而，這些不適感基本上多是來自於心開始注意到身體上的事物。一般而言，這些都是表面性的疼痛，我們感覺到心在關注它，而較不是感覺到身體本身在痛。所以，要留心這些不同的感受，因為正念的主要部分就僅是留意自己的感覺。讓肢體的僵硬感或疼痛作為焦點，經由認知它們，你就不必逃離它們了。感覺有點不舒適實際是「處於當下」的一個重要的心理步驟，你可能已經緊張了一整天，但在跑步時，你才完全地覺知到這一點。這種正念是一種更能明辨之意識層次的標記，從中你能夠注意到每個念頭與感覺。

經由注意自心與身體的感覺如何，你是在授予自己與你的跑步運動力量。發展這種對身與心的敬重，跑步就從單純的運動轉變為發現與成長的一個旅程。尊重自己跑步時的感覺，讓你能欣賞一己生命個別的進程。

如此的正念不只是腦部的現象——專注於感覺如何，而非試圖去分散此心，這對身體也會有影響。正念於身體會開始刺激你的氧氣流量、神經系統，以及遍布於整個身體的經脈。因此，這一層次的正念自然地會給予你更多的能量、體力與生命力。

首先，身體或許會感覺相當緊張與遲鈍。其後跑步時，它可能變得流暢而強壯，然後身體又會感到疲倦。注意這種種階段，不僅能使得跑步成為繼續發現自己的冥思方式，

也能讓經驗變得活潑有趣，而有助於我們的成長。經由現代科學，我們得知自己的意識不僅存在於大腦中，實際上遍布於整個身體。因此，當關注自己的身體時，你也會注意到心與你的本然自己。

受傷會帶來多種感覺，它總是來得不是時候，常常在我們毫不設防之際發生。受傷之後的前幾分鐘是很重要的，我們應該儘快地承認自己受了傷。認知自己受傷並非承認失敗，而是一種顯示勇氣的表現。如果我們忽視那傷害，就可能需要更長的時間來復原。

在密集訓練期中，我們往往也有可能會變得生氣或煩躁不安。在此時，「耐心」就是我們最好的朋友。

同時，我們不應該讓受傷成為一個藉口，使自己不必從事一些運動形式，如游泳或其他不同類型的交叉訓練。保持身體活潑靈動有益於傷害的復健，但如果我們是狂熱的跑者，讓身體靜止不動則是一個更大的挑戰。若缺乏耐心，人們又太快開始嘗試跑步，這反而會加重他們的傷勢。傷後等待復原其實是一段禪修的好時間，我發現復健本身即是一種修行，每天我們決定要如何感覺，以及決定採取哪些適當的行動——這可能意味著保持靜止不動。我們可以利用從傷病中恢復的時期，訓練自心的溫柔與堅定。

在「老虎」階段的訓練，成果來自於對己友善，以及專注於身體。當身體變得更加強壯與結實，這種方法的成效便展現於軀體上。在跑步時，我們會擁有更多的特殊魅力與尊嚴。對其身體具有正念的運動員，能夠散發出力量與堅韌的成果，他們的「老虎」成分顯現了；此時，一個運動員可能會以其身體的神勇威風嚇倒另一個運動員。信心不足的運動員心中雜念紛飛，所以，他們在身軀裡展現較少的力量。

當此心完全遍滿身體並與其同步時，這具體的顯現就會發生，它即是那種全然的與鮮活存在的感覺。這種感覺是豐富的、強大的；當它發生時，我們會知道，但更重要的是，我們能感覺到它。心與身並無分離、不同步或不和諧的現象，在生理層面上，肌肉會更加結實，而我們也覺得更加處於當下、更為有力，就如同老虎正處於青壯年之際，我們感覺好極了。相反地，當此心離開身體，我們就如同洩了氣的氣球，會覺得委靡不振。若我們沒有這種體現，心就容易變得散漫。

因此，當此心體現在身體的活動中時，正念僅僅是一個自然的結果，很容易便能處於當下且不散亂。此一「老虎」階段教導我們體現的原則，這種體現在西藏稱之為「風馬」，「風馬」即是由「無我」所產生的力量。這正念的層次並非一種自我膨脹，而是指一個人是具足正念（心不散亂）的，且是能具體展現的。

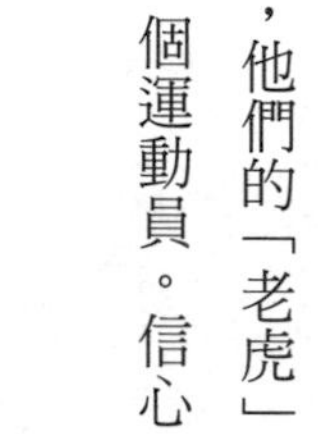

14

全心全意

在跑步上，保持正念不只是保持一隻腳在前、一隻腳在後，並注意路徑而已，我們同時也需要帶入那種全心全意與讚賞的態度。如果跑步時迴避自己的心靈與感覺，而嘗試應用一些正念，我們可能只會經驗到暫時的利益。但是，如果對我們所做之事缺乏熱忱的參與感，幾個正念的方法將無法幫助我們在跑步中運用禪修之心。

正念是由關注——非常好奇而饒富興趣——所構成。因此，我們會滿心想著所進行的事務。這絕不是只有一半或四分之一的心意，如果是在前述的情況下，我們就不算是保持正念了。在跑步裡，缺乏正念的結果即是在步道上跌跤；在禪修中，缺乏正念將導致被念頭所擾亂而分心。

在「老虎」的層次裡，正念意味著我們充分地參與跑步活動。我們視跑步為展現自己的一種證明，我們愈認為自己的作為具有意義，它就會變得更有意義。不論是長程或短程的跑步，一種全心全意的態度能帶來滿足、熱忱與活力。

這「全心全意」的原則，使許多本具潛能的跑者和運動員脫了軌，因他們認為身體次要於心，或只把身體活動當作業餘愛好，或認為那是一種義務責任，因而只有用一半的心意。當他們終於開始跑步時，就只用到四分之一的心來掌控身體的全部了。

在我開始禪修後學到了最關鍵的一課——若我不尊重自己正在做的事，其他人便不會尊重它。禪修進一步向我證明，一旦我們開始以充滿讚賞與肯定而非自我為中心的方式，來尊重自己與所做的事情，那麼任何活動都將變得有意義。生命不應受到懲戒或只是匆忙地度過，而應被尊重、讚賞且充實完滿地活著。

我崇尚全力參與，甚至在使用跑步機時也是如此。因為我經常旅行，所以利用跑步機的時候甚多。我用過一些看來更像是刑具的跑步機——沒有多餘綴物，只有堅硬而不舒服的皮帶。在某些發展中的國家，我還用過不接電源的跑步機，也使用過可以插入鑰匙來確認跑者且能預設訓練程式的跑步機。有一次，在我練跑時，有人在我旁邊的跑步機上練習，那人停止跑步來回答我的一個問題，結果從機器後方摔了出去。全心全意地參與活動，確實是有很多好處。

我也曾在尼泊爾經驗過讓人很不安心的跑步訓練。因為政局不穩定，電力配給是限量供應的，所以，當我在跑步機上練跑時，它有時會突然停止。其他時候，當我在跑步

機上練習時，屋子裡的每個人都會知道，因為燈光會開始變得黯淡，這是由於每家只有配發一定數量電壓的緣故。

多年來，我所學到的事物之一是，若以正確的方法來從事，跑步機可以是一個訓練上的絕佳支援與夥伴。當我為納帕谷地馬拉松賽（Napa Valley Marathon）準備訓練時，我甚至先向跑步機鞠躬致敬，再於其上練跑。這是一個頑皮的競爭姿態，也代表著全副的參與精神。

我經常看到人們戴著耳機跑步，他們恍神不覺，或試圖麻痹自心，讓自己散亂分心，直到身體的跑步活動結束為止。當然，對這種方法我無法有太多的批評，因為有些選手便以此達到令人難以置信的體能狀況。音樂可以激勵人心，它可以鼓舞我們，使我們身心協調，如此而言，音樂便是一種強而有力且能振奮人心的工具。但同時音樂也可以用來作為我們偽裝鍛鍊的幌子——我們的注意力遠遠地離開了手邊正在從事的工作。在這種情況下，音樂便成為一種分心的來源了。因此，雖然音樂有時似乎是有益的，但最終它仍然挑戰了我們處於當下和具體展現的能力。

我的作法是讓跑步機上的練習盡可能變得有趣。雖然在跑步機上不能真的跑到任何地方，但我們仍然可以運用想像。我發現做一些簡短的間歇訓練、急速推進、坡度挑戰，有的為時五分鐘，有的做兩分鐘，一直讓心參與其中，身體便會獲得利益。

在現代快速匆忙的文化裡，我們似乎不能全心全意、完全地做一件事。我們邊看電視邊用電腦，或邊開車邊打手機，連要有一段完整的交談都十分困難。當坐著吃飯時，我們還讀報紙、看電視，甚至當看電視時，也一直轉換頻道。這種「急速」的特質給予生活一種膚淺的感覺——我們從未充分而完整地體驗任何事，我們讓自己參與種種活動，是為了要過一個充實完滿的人生，但因急速與分心，我們從未發現「充實完滿」的真義。

由於科技時代提供我們忙不完的事情，我們因而可以無限地散亂、分心。因為從未充分而完全地體驗任何事物，我們受到這種歇斯底里之生活方式的衝擊。我們進食的速度過快，而導致消化不良；或開車時講電話，而造成小型碰撞事故；或因為與伴侶一直溝通不良，最後只好落得以分手收場。

禪修不僅是一個穩定心靈的簡單方法，即使坐著不動，它也能讓我們發現如何全心全意、充分地投入；它絕對能用在我們最具活力的跑步運動上。但是，如果我們半心半意地來從事這兩項活動，散亂地做完全程，我們便學不到這項功課，且又將錯過一個使自己生命安住於當下的寶貴機會。

當我們跑步或在做一般的運動時，那是在從事最個人的、最有意義的日間活動之一。全心全意地跑步，使這一段時間的操練變成了有益身心健康的事情。就此而言，專注正念帶來生命力。

15

依據現實而跑

我總是告訴人們，成功的禪修是指一種你可以持續下去的修習。若你只在第二天就放棄了的話，它可不見得跟你可禪坐多久或可如何地靜止不動有什麼關連。首先，你必須要決定這一活動是很重要的；然後你應該每天以不同的方式來激勵自己，使它成為每日的常軌。

成功的跑步或任何形式的運動就如同禪修一般，必須在整個生命裡不間斷地保持下去。要能夠做到這點，必須先具有正確的態度，如果我們密集訓練一陣子，然後又完全放棄了，這種忽熱忽冷的方法，便會使得此一程序脫軌。「老虎」階段結合禪修與跑步，以作為日常習慣自然的一部分，因為只有我們持續地練習，這些努力才能帶來身心的健康。

當我旅行到亞洲時，飛行時間通常需要花費十五至十八小時之久。在飛機上，我都盡可能地伸展、挪動、操練肢體。在某次飛行途中，其他人都入睡了，我因而能做一些中度的柔軟體操。大約二十分鐘後，空服員過來了，我以為她要我回到座位上，相反地，她盯著我（有感而發地）說：「我可真的需要開始健身了。」

有規律地運動是很艱難的，因為有時我們可能會生病，或者需要集中注意力在一個龐大的計畫上。我們也可能會陷入輕微的運動員憂鬱症，在其中運動的想法變得愈來愈遙遠。雖然我向來一直保持身體的活躍性，我十分明白缺乏有氧運動的體能狀況。當長久坐著不動時，我們的身體幾乎就沉溺於不健康之中，要回復健康可說是一場頗具挑戰性、痛苦與困難的努力。當我們從不健壯而要回復健壯的狀態，所花費的努力據說比保持已經健壯良好的身體要來得多。因為心理與生理上的壓力是如此地真實，有時甚至可能會讓人覺得要處理為時已晚。

但身體基本上是想要健康的，它自然地為生存而構建，而且在我們回到常規練習後很快地會調適出健康體魄。在此同時，我們可能還要改變自己對運動的界定，即使只是穿上運動服，開始伸展肢體，也是一種起始之法。五分鐘、十分鐘或十五分鐘的走路或慢跑，可以是極其有益的，就這麼一點訓練便能傳達給身體一個訊息——這是向前與進展的時候了。

當我在深入研修的階段裡，我鑽研的是佛學與形而上學，整個課程為期九年，但我從

未把它視為一大段時間，那將過於龐大且難以招架。相反地，我把它區分為年、月、日等單位。即使是現在，當我在教學或閉關禪修時，都儘量保持努力住於當下，把事情解析為幾個小部分。如此，我對現在手邊所做的事都一直保持著興趣，而使得整個企圖的「重量」不致變得太具壓迫性。

我也覺得做一些健身訓練的計畫是很重要的，即使是不打算有計畫的計畫也好。只是每天跳上跑步機而不作規劃，你會陷入一種無聊的例行常軌中。

同樣地，試著保持你「老虎」階段的跑步目標立即而直接，這方法就是持一種普遍的欣賞之感，然後以一棵樹、一間房子或一座小山的頂端作為跑步標的。抵達特殊的定點會帶給人一種滿足感，過了一段時間後，這些小成就便會累積起來，而會增強你的意志力與能力。如果你能到達此地，便有可能跑完剩下的路程。同樣地，如果情況正好相反，你遭遇了一連串的小小不順利，等那天結束時，你就會感到疲倦與沮喪。這些微小的時刻相當要緊，它們會開始影響到我們的心態。

培養連續性的最好工具之一是「溫柔」，因不跑步而懲罰自己並無助益。同時，你還需要堅定、平穩，所以不應因欠缺健康活動而傷害自己。智者是平衡的，愚者則是極端的，我們都會經歷時而愚蠢、時而明智的階段。但是如果要讓跑步運動持續恆久，我們必須是明智的。

「明智」是表示做一些對自己有益的事，那未必是一味地跟隨最佳的培訓方式，而是嘗試在過緊與過鬆之間找到一個良好的平衡。即使以西方人的方式來看，睡眠過多比睡眠不足還要糟糕。活力充沛的感覺來自於良好的循環，以及適量攝取食物與水份，而運動能增加這兩者。

我們在開始鍛鍊時經常所感覺的鈍重感，不僅是由於肌肉的僵硬，也由於器官的鬱滯。根據中醫的系統，鬱滯是許多疾病的原因。我們經常可以把鈍重感歸結到肝臟之上，肝臟有超過一百種以上的新陳代謝作用，因此，被認為是統領所有器官的「將軍」。

夜深時還吃喝一番等於是要求肝臟持續工作，我們因而睡眠品質不佳，醒來時覺得鈍重，肝臟變得疲勞，還要額外加班。因為所有毒素的排除速度趨緩，不做運動便增加了鬱滯的狀況；身體系統超過負載，這又助長了我們的沉重感。只要有二、三十分鐘的運動，通常就能夠讓身體通暢流動。即使我們或有微恙，運動還是有益的，跑步並不一定是要竭盡全力的。

同樣地，如果讓太多的電視節目或爭論不休毒化了自己的心，禪修則給我們一段時間來淨化此心，讓我們重新安排什麼才是最重要的，並調整自己的情緒。

因為我經常旅行，在旅途中很難按照書本裡所規劃的培訓計畫照章進行，所以，我不

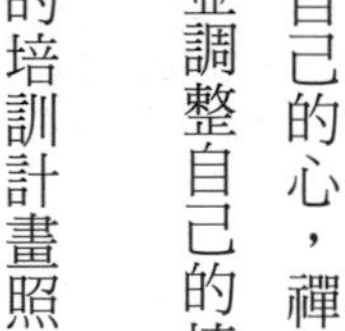

得不依照旅程來調整自己的訓練。你也可以從實際經驗中邊做邊學。例如，我們一般都不希望在飛行後操練太多，因為這時身體是浮腫的。為了保持自我訓練，所以我不斷地作微細的調整，依照現實情境來跑步。即使你不常旅行，也總有一些突發狀況會干擾你的跑步，起先是你太忙了，然後又感冒了，接著就是天候不佳等狀況。

頻繁調整我們的跑步常軌不一定是個問題，它可以是令人愉快的，因為它會使得事情變得有趣。相反地，當我在進行深度禪修閉關時，曾有幾次，我得特別早起，以便完成某種形式的體育鍛鍊。即使在這些情況下，小規模的改變程序也會讓事情變得饒富趣味。障礙不必然是無法克服的，因為我們跑步與禪修的特質，正是由這些挑戰鍛鍊而成。

16

只管去做——以「溫柔」從事

體育活動經常具有一種積極進取的激烈特性，如耐吉（Nike）體育用品的招牌口號「Just do it（只管去做！）」所反映出來的特性。我在古老的禪修典籍裡也讀到過類似的忠告。我的父親更常常告訴學生：「只管去做！」這不一定是指充滿野心或激進之心。有時，我們需要的只是去做而已。那麼，問題就變成：「你該怎麼做呢？」

我的禪修老師告訴我，如果你以瞋怒激進的心，可能會完成某一些事情；但如果你以溫柔的心，就可以成辦一切事情。「溫柔」一詞有許多含意，在禪修的傳統中，它跟智慧與力量有關，因為它被視為對治瞋怒激進的良方。「溫柔」就有如水，最終將達到其目標；「激進」則有如火，它是猛烈快速的，但一會兒就燃燒殆盡了。由於我們身體的百分之七十是水分，我們自然具有甚多的溫柔。

人們認為「激進」是體育活動裡的一個積極面向，他們可能會說：「你需要更具攻擊性」，但這實際上意味著更加堅定。當然，有些教練會想去除粗糙的激進性，而只運用堅定的決心，因為「堅定」本身不見得需要是激進的。這些激烈進攻的心態是很費力的，它們會損害我們的判斷力。我們會更加情緒化，而無法精確地觀察現實。我們會誤解別人的言語或表情，而難以理解事物。即使我們大多數人不可避免地偶爾會生氣或心煩，但這可不是最好的進取計畫。

一般而言，當運動員達到個人最巔峰的體育表現時，他們是處在一種溫柔與輕鬆的模式下，因而能夠具有覺知與洞察力。因此，如果我們想要「只管去做」，也許就這麼一次，「激進」似乎是必要的；我們以為「只管去做」意為「只管強力推進」，在強力推進時，我們可能會傷害自己。如果真的想一次又一次地持續鍛鍊，運用「溫柔」才能讓我們持久與成功。

「激進」是針對長期問題的暫時性解決方案，「溫柔」則是持久的，「溫柔」因此是實力的標誌，而「激進」則往往是軟弱的象徵。「激進」往往是不得已而為的最後一著，從此處你又能去哪裡呢？如果你變得更具攻擊性，你看來似乎是瘋了；然而，如果你很溫柔，就會像持有巨大力量的一片汪洋。

在跑步上應用「溫柔」讓我們的心不至於變得全然批判，或進入另一種極端的狀態。「溫柔」使人能夠保持眼光落於獎盃上，但不去迷戀它，也不喪失信心。

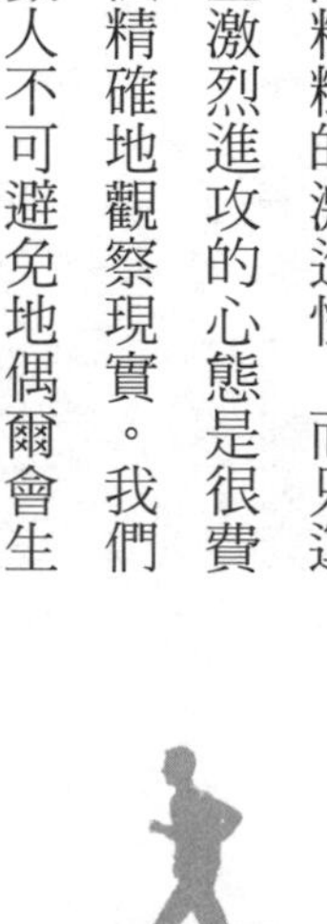

以「溫柔」從事，我們覺得自己可以一直跑下去；以「激進」從事，我們會覺得自己只能跑到下一個轉角為止。以「溫柔」，我們可以大步地奔跑長程；以「激進」，我們擔心這次的跑步沒作用，擔心自己會失敗。

以「溫柔」從事，我們不再與自己纏鬥。當我們不跟自己纏鬥時，便可以盡己所能，這就是我們最佳的狀況了。事實上，對自己溫柔，我們可能會驚訝自己可以做許多事，而將被自己的潛能激勵起來。

就另一方面而言，「激進」通常是個人不滿足的結果。我們無法與自己好好地相處，而且因為這種內心的衝突，我們強烈地抨擊別人，這種瞋怒激進是來自於對己缺乏友善。「溫柔」意即鼓勵自己，因為它有某種層次的智性，我們可以因此清楚地看到自己的壞習慣；當我們清楚地看見這些壞習慣時，就更能直截了當地面對它們。「溫柔」讓我們有更多的方法與更多的選擇，去克服一些負面的積習，並培養正面的習慣。

我們可用一些簡單的思惟來發展「溫柔」。首先，欣賞本然的自己，並與自己為友。看看你可以做些什麼，並且不讓那些你還做不到的事來壓迫自己；相反地，把它們當作是一種未來的冒險。禪修使這一進展能夠生起。

我在跑馬拉松賽時也運用了「溫柔」的方法，它使我意識到，為此比賽我已然訓練充足，我完全有能力去跑完它。我對自己仁慈，並能處於當下的痛苦與喜悅之中，而不是以無窮盡可能出差錯的情景來充斥自己的心。「溫柔」使我能接受不可預見的障礙，讓我不至於說服自己不去完成它。「溫柔」從而能讓人保持信心，但並非太過度專注於自我。同時，「溫柔」也不會把比賽客體化到只變成了一個目標的狀況，如果我把比賽客體化，那麼，它將變成我的對手；如果我只是全心全意地以「溫柔」跑步來參賽，它就成了我的盟友。「溫柔」使我們能夠利用環境中正在發生的一切事物，以此建立起一個積極正面的基礎。

「溫柔」是了解人生是一個應該不斷覺照的旅程。因此，是「溫柔」讓我們得以完成一場馬拉松賽，而不是強迫自己立即去想下一場比賽。「溫柔」是「只管去做」，以這樣的一種方式，我們可以一次次地重複從事。

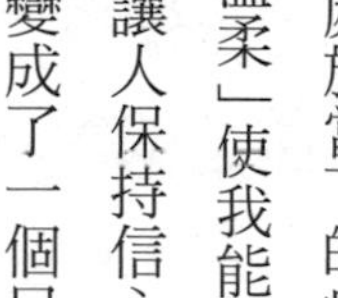

17

無憂地承受更多

人們有不同的方式來處理壓力，例如吃東西、喝水、運動等，現在又有禪修。禪修肯定是紓解壓力的第一法，它所立基的原則，是於了知此心可以處理或不能處理什麼之後，再增強其能力，以便能處理更多事務。

禪修也以不從事太多繁雜活動為基礎。我們每個人都有一種天生的、可以處理多少事務的限制，無論是在宏觀與微觀的層面上，從可以掌控到不可收拾之間，通常都有某個轉折點。

宏觀的層面涉及到我們整個生命的循環。一般而言，當我們年紀漸長，壓力層次也會增高，這只是因為我們生活裡添加了更多的活動，例如學校課業、人際關係、工作與家庭等。微觀的層面則是每天的生活，在我們的生命裡非常緊迫的時期，有些日子甚至會比其他時候具有較少的壓力；而在生命裡壓力較小的時期，仍然會有一些壓迫緊張的日子。

雖然這個時代擁有先進科技的優勢，但我們處理壓力的能力並不一定有所進步。儘管這些技術應該幫助我們，但也經常因其額外附加的資訊與更快速的通訊方式，而製造出更多的壓力。速度與新聞的增多使得擔憂增加，而更多的擔憂則帶來更大的壓力。

我們都是由身體上與心理上的兩種方式來積累壓力，禪修在降低心理壓力上能發揮很大的作用。然而，經由禪修加強心力，我們不見得是在訓練它處理更多憂慮，而是在增加心的強度與靈活性，以便能承受更多而不帶有憂慮。可以承受多少呢？根據禪修典籍的說法，心可以承受無限之多。我曾見過被監禁、折磨、毆打並連續挨餓多年的禪修者，他們說能夠生存下來的關鍵是禪修於無盡的愛與慈悲；納爾遜．曼德拉（Nelson Mandela，民主鬥士、南非前總統）在監獄中也原諒了那些監禁他的人。當然，我們可能不會視自己為聖人，但從這些例子當中，我們肯定也可以運用這些無限量的特質去擴展自心。

禪修並非只是一種能奇蹟般地消融壓力的密閉空間，它更像是運動。如果我們為增強手臂的肌肉而練習舉重，從上舉的動作中，加強了手臂的張力；在下沉的動作中，我們便可以放鬆，然後再做另一個曲臂動作。同樣地，禪修也可以是強化的與放鬆的。我們回到呼吸上，心力就加強了；我們放下思緒，心就放鬆了。減壓療法的一個重要

原則即是放下某些事物的能力。

正如我剛才所說的，心會逐漸習慣於某些情境，例如擔憂與壓力。根據西藏醫學的說法，消極負面的想法會影響我們的神經系統，因而也會影響到肌肉與器官。在健康的心與身之間顯然有一種關連性，而不平衡與疾病之間也有關連性。我們會體現出自己的憂心忡忡，當壓力成為心的基本狀態時，那麼即使是美好的事物也會壓迫我們。我們必須要學習放下，禪修能給予我們這種訓練。此外，透過跑步與有氧運動，這些內部的壓力會獲得紓解、通暢並受到清理。這是跑步如何有助於減輕壓力的方法。

在一般情況下，壓力更多時，幸福會更少。相反地，如果我們減少一些活動，就會有較少的壓力，但這並不一定導致更多的幸福。在大多數的情況下，我們的幸福是來自於人際之間的互動往來，因此它最終歸結到愛與仁慈、朋友與家人。幸福不見得是我們擁有了多少事物，幸福是我們與他人分享自己一切所有的那種能力。

18

步行與瑜伽

即使在步行與跑步之間有很大的區別，我剛剛所提到的許多原則也適用於步行，而它可說是最好的一種運動了。步行並不是一項激烈的運動，它能夠促進血液循環，且有助於清明心智。我們都應該享受一段美好的散步時光，並將正念與溫柔的特質納入其中。

步行（經行）傳統上是一種禪修的方式，因為它是緩慢的，人們很容易就能將心集中於其上，它也經常被用來間隔禪坐的時段。我在此所描述的行禪（walking meditation）是一種步行瑜伽（walking yoga）——以右手掌包握左拳，置放在腹部太陽神經叢下方。其方法是緩慢、輕柔地行走，步伐短小，專注於一腳從腳跟到腳趾著地時的感覺、重量的轉移，然後是另一腳著地的感覺。當你把正念帶到自己的身體上時，腿部和腳部的運動之間會有一種平衡與和諧的感覺。行禪是以舒緩此心來統合身心的方式，它創造出禪修與跑步之間的極佳橋梁。

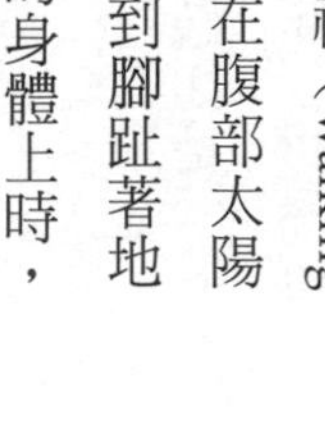

在西藏與世界各地，從某個聖地步行到另一個聖地的朝聖旅途，被認為是一種積累巨大靈性功德的道徑。在正確動機與心態的推動下，這些長程的行旅可以成為淨化身體負面業力及讓心生起善德的一種方式。我曾多次步行終日到各個聖地朝拜，這類的步行提供極佳的身體鍛鍊，同時也使心靈豐富起來。我也很喜歡徒步探險與遠足。

我與妻子經常一起散步。事實上，我在跑步上或者可以跑得比她更快，但她卻是一個更好的步行者。這是一種兩人相伴的美妙方式，我們並不一定需要交談。步行可以是清理我們的心緒並能善加思惟的一個好方法。

對我而言，練習瑜伽則提供了針對跑步活動的一個良好平衡。跑步容易縮緊臀部與腿部，瑜伽則能放鬆它們。瑜伽還提供了一種從靜態到非常活躍（如跑步）間的過渡狀態。流暢地移動身體，以及保持某種體位姿勢，能使你的覺知力貫注到身體上，從而使心減少妄念，擁有更多身心統一的同步性。根據你所從事的瑜伽派別，以及如何去做的方法，身體流暢伸展，保持體位，可以帶來一種新的覺知層次。經由讓身體達到某種舒適自在，你能夠更增長對呼吸的控制力，與呼吸更加親密。掌握呼吸讓你可以接通此心；若能面對自心，你便能通達智慧。即使是很簡短的瑜伽練習都是有益的。

在瑜伽課堂上，你可能會被其他人肢體上難以置信的靈活度給嚇倒。然而，那是他們的身體，而這是你的身體。在開始時，並不是要你去強迫自身變得靈活柔軟，而是把心帶進身體，如此能生起一種具體展現的感覺。即使你不是深入其道的瑜伽行者，只要把心帶入身體，仍可以獲得利益。僅僅只是挪動肢體到不同的體位上，留心關注並持續地呼吸，你便能自動地連結上自己本然的健康與信心。

19
信心

「信心」（confidence）是指一個人對於自我素質充滿自信。跑步與禪修兩者皆能帶給我們這種感覺。在這兩個活動裡，因我們經驗到自信，信心自然便會產生。跑步者知道這一點，因為跑步是一種樂觀的運動——在基本上，我們相信身體的力量。禪修也是一種樂觀的傳統——從根本上，我們相信心靈的潛能。在西藏，「信心」稱為「ziji」，這個字眼也可以翻譯為「光輝」（brilliance）或「閃耀」（to shine）。「ziji」表現了具有信心的感覺如何、看來如何——我們在精神上顯得光芒照耀，身體上則明亮煥發。跑步與禪修兩者都能帶引出我們的光輝。

在禪修中，「ziji」來自於確信自己有能力可以發現本具的覺性。在最基本的層面上，每個人都擁有慈悲與無我，因此，我們說任何人都可以成佛。儘管人們會做出蠢事而傷害自己與他人，但每個人都擁有這種潛力。在香巴拉勇士的傳統裡，這無限的潛力被稱為「本初善」。透過禪修之心，我們開發對這種本初特質的覺知力。當我們對自

己存在的溫暖與寬廣空間有了信心，妄想與情緒便不成問題了，因為我們的視野已經更為擴大。以此「本初善」的見解與從中生起的信心，無論我們遭遇到什麼，似乎就都能從容以對了。

若無信心，小山也會看似變得非常龐大，但若有信心，山丘就會變小。不具信心，生活的途徑都像被封鎖了，一切似乎都變成障礙；若具信心，我們的活動成為一條道徑，可以走往任何方向。一旦了知那本具的信心，不論我們是否只是初學者或即將進入奧運比賽，這都會持續於我們整個生命之中。

透過肢體運動，身體便能生起信心；而通過獲取知識，信心也同樣能於心中生起。如果我們能從事兩者，那是理想的。身體一直是我們信心的來源，有些時候我們會因受傷無法跑步而感到沮喪，如此的話，身體的傷害便會影響我們心理上的信心。然而，如果身體只是暫時受傷，我們仍可透過知識來獲得心的信心。要得到心理的知識，不是只讓閱讀佔領心智，而被一些無用的訊息給淹沒。如果讓教誨穿透我們的心，這需要完全地參與其中。

真正的信心立基於身與心的統一，身與心不應是分離的。當我們只是進行禪坐及研習教義，就會開始對自己的身體失去信心；而當我們只做運動，就會開始對自己的本初善與智性失去信心。

即使在跑步時，我們也可以看到心與身的平衡。當你失去心理上的信心，跑步就變得困難一些。如果要重新生起信心，當下便要挑戰自己去完成某一目標：「我將跑到那座山的山頂」或「我會跑到那棵樹為止」，或重新思量，並提振起自己的動機。

相反地，如果你心理上的信心是強大的，你想要即刻上路跑步，但最近一直都沒有做運動，那麼，你可能會失去身體上的信心，因而開始削弱心理上的信心。在這種情況下，評估你的身體狀況，平息任何洩氣的念頭。提醒自己，在一段時間未曾跑步後，身體的神經系統有點遲鈍，必須喚醒它們。你的體能可能比自己所感覺的還更好呢！欣賞「活著」本身，提醒自己有能力再次進行鍛鍊。你或許覺得自己的體能極差，或甚至覺得自己的體能頗佳，不論你的情況如何，重點是總要保持住信心。你也許做了一個錯誤的選擇，可能已為此付出代價，但你可以運用正念重新連結起自信的感覺。這就是「信心」成為我們祕密武器的方法。

我們應該明智地運用自己的信心，因為每種情況都是一個自信地從事某件事的機會。同時，我們不應在自己的信心中摻入虛張聲勢或瞋怒激進。「老虎」階段的信心並非試圖去主宰別人，更確切地說，它能克服我們自己的疑惑，增強我們的覺醒與積極正面的特質。

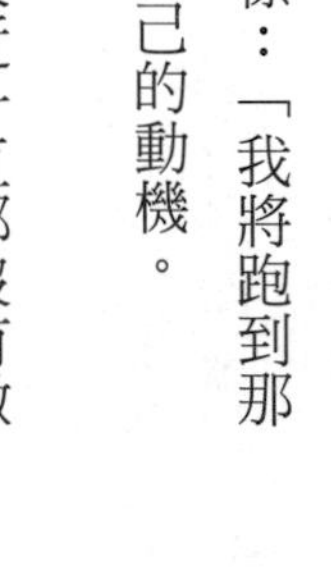

「老虎」的思惟修：動機

在思惟修時，我們把某個思想帶入心中，並聚焦於其上。就如坐禪時運用呼吸，此一思惟就成為我們禪修的對象。思惟它可以幫助我們澄清某個問題或產生某種態度，它也可以致生洞見或頓悟，或轉化我們的觀點。但總而言之，練習思惟修是指使我們的心朝向某一特定的方向。

我建議你從正規的禪修時段中開始思惟修。在修「止」（寧靜安住）一會兒後，當你的心已經安頓下來，不再那麼忙碌與散亂，便把思惟的主題帶入心中。如果你開始得太快，馬上就會察覺到因為思惟修加劇了思想的過程。更多的念頭會出現，這表示我們的心可能更為散亂，不再集中於思惟上。每次禪坐，以簡單的「隨息」（跟隨呼吸）開始，然後，如果你可以的話，便轉換成思惟修，之後再繼續隨息，才結束禪坐。我也建議了適合每一跑步階段的思惟修法，你可以嘗試看看。

在「老虎」階段，保持好禪修姿勢、注意當下此刻的呼吸，並修習正念與覺知，而後把這思惟帶入心中：「我的動機是什麼？」

如果你是一個初學者，最好保持動機單純——要讓身體達到最佳狀況，能夠跑個五英里或十英里，或是減輕一些體重。或者你的動機帶有更廣泛的基礎，例如改變生活方式，使之更為健康。這也可以包括：具有一顆更強壯、更靈活的心；能禪坐二十分鐘；較少生氣；較不受消極思想所影響；經驗到一點心理上的靜默；或開始認真對治身心。這樣的動機也可能在「老虎」階段中繼續成長。

確定你的動機之後，保持著這種動機。當你分心時，就回到動機上。如果令動機生起的原因開始消散時，再度回想起那些有益與積極的原因。思惟修本質上是一個說服自己的過程，我們已經閱讀過書籍且聆聽了講座，但現在我們必須使自己的動機個人化。

在正規的禪修中熟悉了思惟修的過程後，跑步時也可依之嘗試看看。也許感覺並不相同，但它有助於你的跑步更具目的感。

〔跑步時〕你可能無法如靜坐時那般集中或深入思惟修當中，但你將能夠有一定的聚焦程度。在把你的思惟修帶進跑步時，第一條規則是要保持正念，不要摔跤或被車撞到。你應該以注意地形來起跑，關注自己的感覺如何，然後開始進行思惟修。在一場四十五分鐘的跑步中，以五或十分鐘來進行思惟修並不算少。當你在思惟修裡獲致某種結論或感受時，只要心中牢記那個動機，例如「為了健康而跑步」。這樣就能幫助你集中於自己的意圖上，也能訓練自心。

當你變得更精通於跑步時，你可以擴大動機到更大的範圍，例如，你決定要參加十公里的馬拉松比賽，或完成某一特殊的路線。如果你是一個資深的運動員，你可能會以進階分區賽、決賽資格為目標，或參加州際、全國錦標賽，甚至奧運會。

當繼續跑步時，你的動機可能進入更深的層次，而會為一個更大的目標而跑，那個目標即是去更加了解自己的身與心，探索各種主題，例如：「我是誰？」「我想在我生命中完成什麼？」「意義為何？」這些是我將在本書第五部分「龍」之階段所討論的問題。

在結束思惟修之後，只需要回到正念與覺知即可，注意跑步的體態，並享受你所在之處。

〔第三部〕

獅子

20

善德之甜美

有一天，我發現自己相當自然且若無其事地套上跑鞋，就輕鬆愉悅地跑出門去了。在那一刻，我意識到：「我的體能狀況必然甚佳！」我已經進入了自我訓練裡「獅子」的階段。在「獅子」的階段，我們是熟練的跑者，不再需要奮力掙扎，所以跑步是很享受的。感謝於「老虎」階段時的精進，我們的心感到振奮與好奇。

我的跑步活動大多是很愉悅的，一路走來，我進入了一個不同的領域。現在，我可以在任何想跑的時候跑個十八到二十英里，感覺卻像從前跑十英里的距離時一樣。跑上幾個小時是很愉快的，我記得曾在科羅拉多州北部的山區做了幾次遠距離的長跑，邊跑邊欣賞著風景。

雪獅是一種西藏的生物，牠通體全白，並有著藍綠色的鬃毛。這西藏的象徵體現了喜悅、戒律（紀律）與吉祥。傳統上，雪獅被描繪為用牠自己的爪子攫住小圓球，這些

圓球代表了心的喜悅和力量；同時還象徵經由辛勤努力後得到的善德。

在「獅子」的階段中，我們享受過往辛勤投入跑步活動的成果，並收穫其成效。這就像在山頂插上一面旗幟，如果我們未認知到自己已經抵達此地，就有可能變得不斷強迫驅策自己，而永不饜足。所以，現在是注意到我們已完成了某境地的時候，在此之前，我們的跑步需要更多的專注和努力，現在則是輕鬆自然且易如反掌。我們幾乎驚訝地發覺自己已然精通此道——我們正享受自己的跑步。

在禪修裡，當我們的修行已不再那麼機械化，就進入了這一個階段。我們對禪坐的姿勢感覺舒服自在，對於為什麼要打坐的原則也更加清晰；我們已經理解了邏輯與論證兩方面。住於當下、跟隨呼吸，感覺比失落在自己的妄念中更為自然；以此，我們的紀律也變得愈來愈強了。

在一開始時，你可能會覺得靜坐十分鐘並跟隨呼吸，頗為困難，即使在一分鐘內，你的心已經來來去去許多次。而現在，即使坐個三十、四十、五十分鐘，你的心都可以常住於呼吸上。你可能還有念頭，但它們並不特別讓你分心。這一階段的禪修是平靜的且是悅樂的。請記住，你並不是處在平行宇宙中，你正經驗著內心本具的力量和清明，它是穩定的；你不再憂心忡忡、大驚小怪地四處奔忙。這是你如何增長自己內在本具良好素質「信心」的方法。

在跑步中，「獅子」的階段是指：當我們出門時可以不戴手錶，不再試圖計算自己究竟跑了多少英里，不再經常去注意糾正自己的姿勢；相反地，我們在享受生命、健康、強壯、有紀律。我們已經建立起自己的基礎，骨骼、肌肉與肺臟已經習慣於跑步了。

當然，我們都為了快樂和健康而跑步，但在「獅子」的階段，跑步時的喜悅較為堅定一貫，快樂是來自於不與自己如此纏鬥的一個直接結果。正如在禪修中所見，當我們不再與自己纏鬥時，便會更為滿足、更平和，因而更快樂。我們未必更為覺悟，甚至不是全然無憂的，但總體的感覺是，我們處在一種更愉快、喜悅的狀態裡。

21

全方位的覺照

在「獅子」的階段，我們不太把注意力放在跑步的形式和技法上；我們現在已經達到「老虎」階段「知足」品質的一個層次，心較不需要一直保持專注。因為我們擁有了信心，感覺更為輕鬆，也不怎麼需要以心說服自己為什麼要跑步。現在，我們會更加自然地去跑步。跑步並非簡單地拚命邁步，試圖以流汗排出昨晚歡會後的酒精濃度，或燃燒掉多餘的體重，跑步其實是在慶祝生命。

即使我們仍始終必須運用到正念，在這階段，與其只用數息法或只關注跑步路徑，我們更訓練自己去發展一種全方位的覺照層面。以全方位的覺照，我們使自己的心理能力更為強大；有了更大的心量，我們便能理解更多，而從不同的角度明瞭事物，在心理上更加靈活，也可以感覺到其他人的想法和感受。我們可能會發現，當結束跑步回家後，自己較不容易被激惱。如此對環境開放自己，是需要技巧和放鬆的。

「老虎」階段的跑步已經達到專注一心，現在的重點要更為擴展——我們的視野含括自己的周圍環境。當然，我們仍然會繼續留意路徑，但當練習全方位的覺照時，我們可以意識到更廣的環境。全方位的覺照不是恍惚失神，完全地沉溺於自己腦海中的幻想；相反地，它與我們的周遭連結，它是一種「活著」的象徵，是經由身體的健康來表達自己心靈的健康。

全方位的覺照不一定是種饒富戲劇性的經驗；事實上，它可能是很普通平常的。如果你在樹林裡跑步，你聽到樹木搖曳的聲音，滿眼盡是蔥鬱綠林，聞到清新的空氣，也感受到潮濕的水氣。如果你是在沙漠中，便會體驗到乾燥的大氣，感受到太陽的熱度。如果你在城市裡，則會聽到車水馬龍的喧囂聲，並隨著人潮湧動。顯然地，你並不需要不斷地轉頭四處張望，只要依然遵循路線，擺動胳膊和腿，繼續跑步。

以全方位的覺照，你感覺自己內在的環境——你的節奏、心跳，以及雙腳踩踏在跑徑上；同時，你接收到外在的環境——天空、大氣與生活中的種種聲音。全方位的覺照與專注於你的身體形式是不同的，你也不再是單純地在腦海中與自己的情緒奮戰。

這些「獅子」階段的跑步可說是更進一層的，因我們感應到自己此身所在之地。「覺知」讓我們與各個元素和諧一致，與元素的連接是生命存在的一部分。我們太常處於室內，對元素毫無覺知，但這些元素並非我們的敵人，因為我們自己也是由元素所構

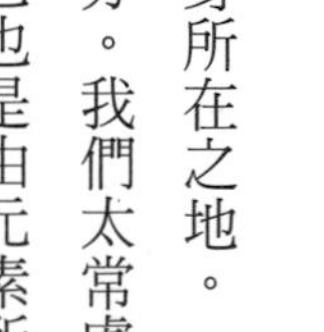

成。當與它們連結起來時，它們能激勵我們，使我們更加強壯，而能以更微妙的方式與世界溝通。當我們讓自心放鬆於現實實相，這連結就發生了，我們不再只是一心邁步去跑完全程的孤獨跑者，而是跑在地球之上的眾生。當認知到這點時，我們感覺自己是「活著」的，不再需要和環境奮戰了。

「獅子」是與元素相連結的。首先，連接「風」之元素是非常重要的。我們的生命仰賴於呼吸，它能把氧氣帶進體內。我們吸入環境，然後呼出，把自己混融於環境。「風」和「氣」是我們的身體活力的一部分。

當跑步時，我們也產生「熱」與「火」、「土」與「水」，身體內部的溫度上升了。透過運動產生的「熱」，製造出能量和汗水。我們流汗、喝水，奔跑在土地之上。當我們躍動時，便與跑在其上的這片大地相連，我們連接起自己的星球。

我們應注意這種覺照，並且要更加熟悉它。也許這聽起來頗令人陶醉，但全方位的覺照奠基於正在發生的事物上。它不是單純地以跑步來讓心亢奮，也不意味著從此就沒有了疼痛。我們可能仍有疼痛，但依然可以擁有全方位的覺照，因為我們的心現在不會全然被疼痛所誘惑了。

我們經驗的是自己和環境、外在和內在之間的平衡。以前我們的內在太過於努力掙扎，所以無法覺知到外在的環境。如果有人問我們是否記得跑步時經過了哪種顏色的房子或哪一種的樹，我們可能都不記得了，但是，所有的這些細節現在卻都格外清晰、生動。這不是說早先時候我們不希望注意到它們，而是我們的體能尚未好到足以放鬆。現今，我們已無須再與身體掙扎了，透過禪修的心，我們更為敏銳，更能覺知一切。

運用全方位的覺照，這便是「獅子」如何在高山草地上躍舞、嬉戲於群峰峻嶺之間的方法。

22
健全

「獅子」階段的功課之一是「基本的健全」（basic healthiness）。在禪修中，你從一開始便採取「心基本上是健全與平衡的」這樣的看法。心內在本具強度和柔韌性，它也擁有愛與慈悲的能力。由我歷來所受的訓練，我知道如果打坐時感到心煩意亂或疲累，那並非一個永久的狀態，它只是一種臨時的異常，如同烏雲遮住了陽光。心的自然狀態——本初善，是原始本初的、不改變的。

懷著對心之「本初善」的信心，以此而進行禪修，我便能夠重新恢復自己的力量和焦點。然而，如果我覺得散亂或疲勞，並認定自心是毫無希望的——我永遠無法安靜、平衡或神智清明了，然後我愈打坐，就可能愈覺得心煩或沮喪。因此，即使我的感覺並不甚好，但與我的「基本健全」保持接觸，是我試著在跑步和禪修中遵循的一種紀律。

在跑步時，認為自身是基本健全的，即是如何避免被困在心靈的負面狀態——以為自

己是虛弱或不健康——的方法。雖然現在你可能真的還無法跑上五英里或十英里，但你應該認知到自己的健全是與生俱來的事實。我們的內在本自健全，就像那準備凌空飛翔的小鳥。從遺傳基因上而言，鳥兒本就適於飛行；同樣地，我們也適於運動。

針對此點來說，我的父親邱陽．創巴仁波切本身即是一個啟示。他是一位偉大的禪修大師，在逃離西藏時，他徒步走出了喜馬拉雅山山區。不知何故，那過程讓他一輩子身體結實健壯。他從未做太多的運動，但他總是從「基本健全」的見地上來對應事物，因此，他總顯現出一種活力和能量。

我現在所承繼、持守的傳承是源自二千五百年前的佛陀。當我們聽到「佛陀」之名，便會聯想到一位神聖的覺者。在西元前六世紀時，他被尊崇為「佛」(buddha)，意即「覺醒的人」。佛陀臻至一種心境——體驗了最究竟的實相，接下來的五十年間他孜孜矻矻地傳授其經驗，最終以八十四歲高齡圓寂。

姑且不論佛陀這令人難以置信的靈性成就，甚至在他開始修行之前，便已是一位相當有成就的運動員，於標槍、摔角、射箭、御車之技等樣樣精通。根據傳說，他身材高大，英俊出眾，體型匀稱，具有「如獅子般的胸部，如羚羊般的小腿」。換句話說，他是一個很具有運動型體魄的人。因此，佛陀非常適合談論身體與心理之學；理想上，人的生命中應兼具兩者。禪修正如跑步，被認為是一個對心靈有益的和健康的運動。

許多世紀以來，禪修者所知道的是：心是一種基本材料，就像是豆腐——它是中性的、有彈性的。心有兩種接收經驗、改變其感覺的基本模式，一是通過我們的五種感官而感受到的外在環境，即我們所見、所觸、所聽、所嚐、所嗅的一切，所有這些感覺和經驗，都被心所吸收。另外的感覺則是由心所思想的一切，無論它們是來自於內在或與外在有關，這是我們的第六識❶——意識。

心就如同身體，若沒有方向，便會開始吸收在其環境周遭的任何習性。例如，如果有人充滿怒氣地對你叫罵，這種瞋怒就會被心所吸收；如果這些瞋恨的言語讓你經驗痛苦，你可能將以瞋怒回應。但如果你的心比較具有彈性，便會同情對方而說一些慈和的話語，或者根本不說什麼。相反地，當有人說「我愛你」時，那也會被心所吸收。如果你感到喜悅，可能就會回應說：「我也愛你。」在另一方面，若你感到恐慌、受到威脅，或因自己覺得還未準備好要結婚而感到害怕，你可能會嘗試改變話題。這些元素都是來自外在的。

心也會吸收來自我們內在環境的習性。例如，你可能安適地坐在公園的長椅上，卻無視於孩童的歡笑、空中的風箏、踢足球的人們等。你獨自處在自己的心中，東想西想。如果你正想著近來工作上諸事平順，心便會覺得滿意，而感覺甚佳。如果你擔憂著要

❶六識為眼識、耳識、鼻識、舌識、身識、意識，是六根（眼、耳、鼻、舌、身、意）對六塵（色、聲、香、味、觸、法）所生的見、聞、嗅、味、覺、思的了別作用。

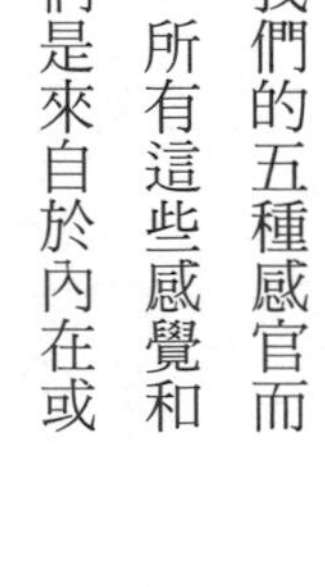

支付房租或如何維持你的親密關係，你可能會感到焦慮和恐懼。無論兒童如何玩耍嬉戲，或陽光明媚照耀，鳥兒在樹上歡唱，這些都跟你無關。

在這兩種情況下，外部環境與你的感覺如何無甚關連，你的感覺完全來自於心中所產生的想法。所以，你可以見到這些想法的力量，而最特別、最重要的是，你看到一些外顯之想法的力量，以及其他未顯現出來的想法。

換句話說，如果你正在思考的事物與工作或家庭有關，它讓你感覺好或壞，完全取決於這些情境中發生了什麼事。因此，禪修就是讓你首先清楚地覺知到心的力量，即心所經驗的，以及你所感覺的；其次是想法的力量，即心所從事、涉入的。同樣地，禪修也與「無想」（nonthoughts）的力量有關，「無想」即是指心不再從事、涉入的狀態。

禪修者觀察此心，所發現的是：心是一個活生生的、多變、不斷發展的活體，心不可思議地敏感，同時，它也是不可思議地堅韌。蝴蝶飛舞而逝的單純美麗與極端嚴峻之情境的適應，都能觸動此心，而不知何故，心也能夠存活下來。它還能具有令人難以置信的慷慨與慈悲；最重要的，心可以被訓練、發展。禪修者發現到，如果給予適當的導師，心甚至是歡喜被開發及接受訓練的。

就身體而言，你如何對待心，其對身體的影響立即就能被感受到。如果你因缺乏運動而未善待身體，或暴飲暴食、抽菸、飲酒，以及受到天候、日常的壓力或旅行等因素影響，你開始便會感到僵硬、疼痛、疲倦和昏昏欲睡。我們對身體的這種種反應不會感到太過驚訝。

心也是如此。如果我們讓心受制於長時間看電視，或坐在電腦前面，或某種可能更為有害的環境，例如感覺未受人疼愛或被冷落，或是長期地處於不滿足、瞋怒激進的情境，心將遭受沉重打擊。那塊豆腐便會轉變為許多顏色——它受到挫傷和擊打了，但我們無法看到這種情況正在發生。

如果環境是消極負面的，那麼，一般而言，我們會處於一種不快樂的心態。你可能不會公開地說：「我很不高興。」但你可能會說：「我感覺不像自己了。」或說：「我覺得不大對勁。」如果嚴重一點，你可能會感到有點沮喪，無心於任何事；若是稍微激烈些，你心裡可能會感到酸苦和怨恨；當然，如果更加極端的話，你會持續感覺到躁動與憤怒。相反地，如果把心放在積極正面的環境裡，如愛與溫情、滿意知足、成就感與目的感，那麼你立刻就能感受到這些影響。同樣地，在一個正面的環境中，你的心會覺得愉悅、活潑，對周遭所發生的事會感到好奇、有興趣。你會迅捷地反應出大笑或微笑，也將更快地感受到他人的情緒，你還會更容易施行仁善、同情與愛。

這些都是基本的概括，在其中當然有許多不同組合的可能性，但一切奠基於「基本健全」的原則。禪修傳統認知生命無常、不確定和不穩定的事實，我們都經歷過這其中

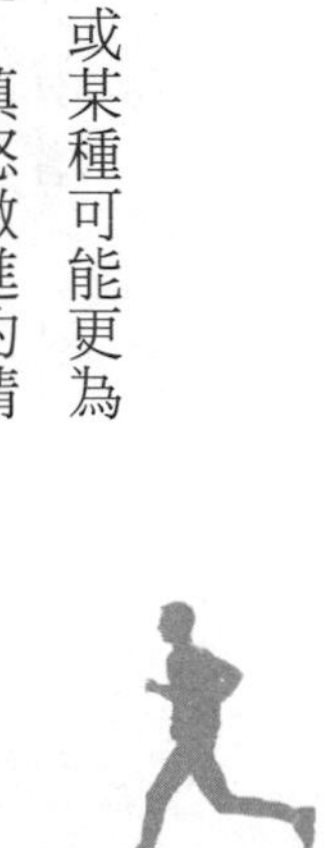

某一些場景。然而，經由與自己的心發生關連，我們可以觸及一種內在之健康與穩定的層面。簡而言之，禪修基本上即是在建立一種個人的、自足的環境，於其中你能發展心的健全與幸福。這就是「獅子」階段的戒律之道。

當我訪問西藏時，當地氣候惡劣，人們往往帶有被天候侵蝕的外貌，但每個人都展現出這種「基本健全」與力量。當人們生病時，他們會前來接受我的福佑，但我從未聽過他們有所埋怨；相反地，他們總是談到自己身上有什麼部分仍然在運作。這給我帶來不尋常的印象，因為在現代世界上，我們雖擁有更多的藥品，但也似乎有更多的抱怨，我們具有一種廣義〔擔憂自己得病〕的「疑病症」(hypochondria)。

跑步者可能比誰都容易落入這個陷阱。當跑步中突然感到刺痛時，我們往往會認為這是跑步「完結篇」的起始。這種過度留心頗近似於妄想症，一旦進入此一過度解析的心態，我們就會變得超級強化，但這不是正面性的強化，而是負面性的。這樣將難以好好地吃一頓飯，或與人會談，更難從一場艱苦的長跑後恢復，因為我們老執著於什麼是錯的或什麼可能出錯。然而，如果我們培養那謹記自己「基本健全」的紀律，並且放鬆，我們將能夠享受自己所從事的任何活動。這並不意味我們忘記要增進自己，因為這種「基本健全」之感讓我們能看到一己的弱點所在，從而改善這些面向。但以「獅子」的喜悅與戒律，我們將從「力量」本身出發。

23

如何處理疼痛？

當人們說不喜歡跑步，通常他們說的是不喜歡疼痛。跑步是一種不斷地充滿著疼痛的運動，這就是為何它能賦予我們人格特質的原因。有時，我可以辨認出來某人會繼續跑下去——他們喜歡疼痛，但不是太多疼痛。

在我第一次跑馬拉松賽時，我腳上長了一個巨大的水泡，之後，幾位跑者問我當時是如何處理疼痛的，有人還暗示我一定作了某些祕密的修法來阻絕痛感。我向他們解釋自己並沒有阻絕它，只是關注於疼痛，同時沒有讓它來偷走我的心。「疼痛」是現實中一個重要的組成部分，然而，過分擔憂將會一事無成。

我們可以說，生活裡至少充斥著百分之五十的疼痛。如果我們不與疼痛交涉，我們就不能與一半的生活發生關連。當我們高興時一切都覺得很好，但是當在痛苦中時，我們變得僵硬、動彈不得。無法與疼痛打交道會縮小我們競技的範圍，若能夠處理疼痛、

理解疼痛，生活會變得加倍有趣。與疼痛交涉，能夠使我們更加無畏和快樂。

就身體而言，每個人都經歷過肉體上的痛苦。事實上，修練瑜伽的目的是要使得身體更加靈活而有彈性，這樣修行者就可以保持安止不動而進行禪修。我們的身體愈柔軟，它就會愈覺得舒適，我們便感到較少痛苦。但是，即使具有極大的靈活性，身體也不能一直長時間保持同一個姿勢，所以我們日夜都在變換不同的姿勢。同樣地，每個人都會擔憂，都有某種程度的遺憾，這就造成了心理上的痛苦，心理上的痛苦與憂慮導致了我們許多其他部位的疼痛。

禪修與跑步基本上可對付這兩種疼痛。當然，我們不能整天整夜地都在跑步，而要整天整夜地禪坐也很困難。然而，當我們在自己每日的例行常軌中包括這兩種紀律時，便是在使自己的身與心更加安適自在。

「獅子」階段即是興高采烈地處理疼痛。這並不意味去抑制它，而是具有一種適當的平衡，我們今後都將面對這平衡的課題。如果不停地抱怨自己的感受如何，以及有些什麼樣的痛苦，人們便會想避開我們。如果我們生病了，當然應該讓別人知道；但除此之外，最好是不要到處訴苦。

處理疼痛時，可從幾種不同的因素來理解它。首先，疼痛以及因此而致病，通常是不同的情況匯聚於一處的緣故。當我在多倫多跑馬拉松賽時腳上長出一個水泡，這是因為我決定在那天穿上新襪子的後果，還有當天也下了毛毛雨，所以在摩擦與潮濕間，我體驗了痛苦。

在西藏寺廟的牆壁上，常常可以看到「生命之輪」，其中用一個個圖像來描繪生命的每個階段。有一個與疾病和執著相關的圖像，描繪的是一個人被箭射中。伴隨著此圖的智慧是：當你被箭射中時，你不需要去問這支箭是誰製作的，或箭身是使用何等木材，或箭頭是用什麼技術製造。最要緊的問題是：「你如何能拔掉這支箭？」

輕忽疼痛需要付出極巨大的心力。第一步是承認痛苦；疼痛是一回事，心對疼痛的反應又是另一回事。所以，第二步是不要反應過度。震驚於疼痛本身只會加劇它，如火上加油——我們對疼痛的反應會使得事情變得更糟糕。因此，我們承認痛苦，但避免作出立即的回應。

正如我先前所說的，意識是中性的，它吸收自己所經歷的一切——快樂或不悅、痛苦或健康。意識的健全是我們自己的責任，這道理非常簡單，如果我們老是脾氣暴躁，經過一段時間之後，壞脾氣便會成為我們的心靈狀態；然後，即使是好事也會讓我們發脾氣。這便是可能發生的唯一結果。

病痛是某事失去平衡的明確跡象，它們是現實發出的信號。例如，我們做出了錯誤的選擇，或吃錯了食物，或失去了正念，現在我們感受到其影響。承擔責任並非要埋怨痛苦或其他事物，同時，也不必覺得內疚或去懲罰自己。與疼痛結合的責備，結果只會使痛苦感染負面性。

如果我們被痛苦和不愉快所淹沒，便常會以幼稚的方式做出反應——我們讓疼痛客體化。只要我們開始指責疼痛，疼痛就會變成敵人。生氣並不利於我們從經驗中學習成長。

相反地，我們可以認知自己的行動並矯正它，這使我們能夠利用疼痛作為幫助自己長進而使人格健全的一種方式。承認某事不對勁是一種成熟的標誌，而認知疼痛則是一個成長的機會，讓我們有力量去糾正這種失衡的現象，並向前進展，以疼痛為道徑，然後，我們便能視疼痛為一種機會。如果我們失足摔倒，我們會將它視為未來更加保持正念的機會。如果我們花全部的時間去思索這疼痛、放大它，這樣做只會更增長我們的負面性。若我們看清它是如何發生的，便可以從中記取教訓，而非執著於其上。

當那天我長出水泡時，我承認痛苦。為使其失去力量，我明瞭它是某事失去平衡的一個明顯跡象。那時我能做的僅僅是把焦點置於內在的力量，以及已經培養出來的強健體魄上。我的做法並不愚蠢，因我知道這並非重傷——我會活下去的。這樣一來，我使自己的心意與決志完成比賽的想法相連。若只是把心集中在疼痛上，將會慢慢地耗盡我全部的精力，最終導致我認為自己無法持續下去。

同樣地，在禪修中，我們遭遇到肉體的疼痛及來自念頭與情緒的痛苦，但我們不能讓這些痛苦完全佔據自己的心靈。如果這樣做，疼痛便會破壞我們可能自修行中獲得的任何利益，整段修行時間會變成是在禪修於我們的痛苦上。如果身體覺得疼痛，我們可以改變姿勢；如果是情緒上的受苦，我們可以有次第地分析拆解該情緒，直到它釋放其執著為止；如果是被種種念頭所折磨，我們可以記起自己如天空般的心，或抬高目光環視整個房間，使視野更為廣大。我們以一種非常直截了當的方式與這種情緒的痛苦交涉。

把痛苦的經驗視為一種與他人保持連結的方法是很有益處的。每個人都在受苦；但當我們的痛苦提醒自己此一真理時，我們便可以把它當作一種真正慈悲的來源。「獅子」知道痛苦的底層是「基本健全」與「本初善」。甚至在傷痛時，你也可以把心轉向它的自然光輝，以助長這種心態，從而對他人生起慈悲。

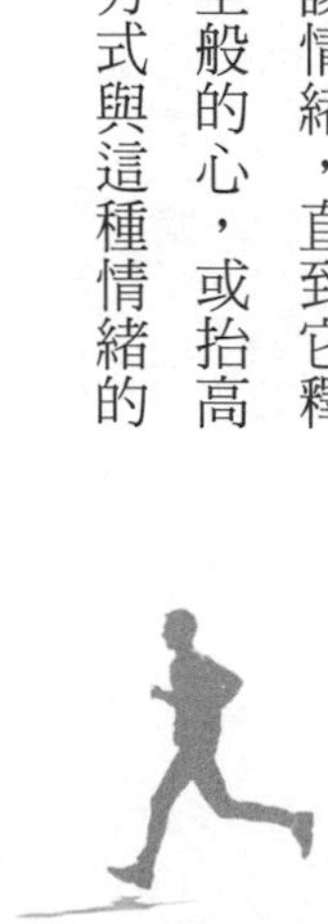

24

以跑步與禪修來淨心提神

跑步是一個基本的、自然的運動——簡單地把一隻腳放在另一隻腳前面。但是，當我們檢視它的生物力學時，它就變得頗為複雜。同樣地，禪修也是非常簡單和直接的——一刻又一刻地處於當下。然而在西藏，已有成千上萬的典籍探討了這個課題。

無論如何，經過一整天的忙碌，若我們能運用禪修的簡單性於此心之上，它肯定會有助於我們的幸福。漫漫長日之後而進行禪修，可以讓心靈自行淨化，並恢復一些力量、韌性與喜悅。我們把注意力從日間的繁雜裡挪開，而將之安置於當下的寂靜中。經由不過度妄想或大作白日夢，我們減輕了心的幻想與憂慮，只是安住於當下。

心的作為是二元式的。有個圖像顯現於心時，如某個工作計畫或婚姻問題，我們便針對這個意象做出反應。也許我們的反應是感到內疚；但如果我們有些幻想，就可能會感受到欲望。或者，我們看見一塊石頭，而誤以為它是狗，於是覺得恐懼。此心不斷

地對這些念頭和意象做出反應，並與它們產生關連，這就是為什麼我們會覺得疲累、過勞或惱怒的原因。注意自己的呼吸，並處於當下，我們的心就有了可放鬆的空間。

試著想像：你的心如同手一般地舉著啞鈴，啞鈴是你所有的問題和一切關心的事。於禪修中安住於當下，就像是放下啞鈴，身體與心靈的壓力便即刻地減少了。禪修的運作是有次第性的，首先，我們試著放下較大的念頭與顧慮，這便減輕了心的沉重感，有如在健行的上坡路段放下背包，如此我們能夠恢復自己的能量，然後再放下較小的念頭與顧慮。

相反地，在一天的工作之後，如果我們還接收著更多的想法與顧慮，這就不是在休息了。如果我們下班回家，馬上打開電視收看新聞，聽到世界各地傳來的種種悲劇，我們就會變得不堪重荷。儘管這些全球性所關注的問題是非常重要的，但更為要緊的是，我們要在那一刻紓解那已經超載與高度壓力的心靈。

通常人們喜歡看電視、電影，其原因是這些活動讓他們暫時地與他人交換了顧慮。遠處發生的新聞與生活中發生的事件相較起來，並無即刻的效應，因此我們的注意力可以從自己的心理憂慮上分散開來，而感覺到某種程度的減壓，但這樣並不能讓心得到充分的休息、放鬆而恢復活力。根據禪修傳統，我們所看到的負面視覺形象與相關的情緒等，都會深深地嵌進意識當中。

在禪修的傳統裡談到「識」的八種層面。前五識是五根的感知；第六意識是心識，即思惟的意識，含有夢與記憶；第七意識是情緒或情感的意識；第八識是包括其他所有意識的基礎識。據說第八識儲存所有的意象與行為；在西方，它有時被稱為「潛意識」。

我們活得越久，就收集了更多正面與負面性的意象。這些意象並非總是展現在我們的心靈之前，它們都常潛藏在心底。但是，當我們有了一些積累的意象，尤其是負面性的意象，這些想法便會更頻繁地滋擾自心，嚴重地破壞了我們的睡眠與人際關係。由於心是中性的，它適應於其環境，我們於是對此經驗習以為常，像是愈來愈習慣於一間髒亂房屋裡的污垢與雜物。一種疲憊的與惱怒的感覺就會成為常軌，過了一段時間以後，我們便無法想像以其他的方式來感覺，我們只是假設沒有人是快樂的，因為我們自己並不快樂。

我們可以運用禪修，使它成為一種清潔的過程——一天當中心理上的洗衣時段。洗滌衣服時，我們會感到清新和振奮；因此，經過漫長的一天，我們花上十、二十或三十分鐘的時間來禪修。靜坐在那裡，把心放在呼吸上，而不是放在擔憂上，這麼做時，你正是在發展減輕壓力、加強心志的能力。然後，嘗試把這技巧用在跑步上——置心於環境之中，而非思想的過程上。

這是如何給予你的身心一個放鬆與重整機會的方法，讓它們發現自己與生俱來的智慧

與健康。下一回你下班回家後，與其打開電視或上網，先靜坐禪修十或二十分鐘。當你切換關注點——從日常的憂慮轉到自己的心靈健康，便可理解到，即使是處於當下十秒鐘、三十秒鐘、一分鐘或兩分鐘，你就能卸下心中的重擔。因為你沐浴在當下，你的心被洗淨了。如此，你能夠接觸到自己廣大、自然健康的心。當安住於此力量，你會變得更加開放且充滿關懷。

然後，外出跑步。讓你的感官知覺、你與元素連接，以及讓你身體的運動，進入那更廣大的世界。了知在跑步中處於當下的原則，你正在淨化自己的心，讓它的自然本質閃耀發光。

25

快樂

二〇〇五年，在我出版《統御你的世界——適合現代生活的修心六法》（*Ruling Your World: Ancient Strategies for Modern Life*）[1]一書後，我與約旦諾爾王后（Queen Noor）、猶太教教士爾文·庫拉（Irwin Kula）聯合舉辦了一場「慈悲的領導之道」座談會。我們三位來自不同背景的領導者聚集一處，討論「慈悲」為什麼是堅強領導之不可或缺的要素。我們在紐約大學（New York University）和塔夫茨大學（Tufts University）進行了座談，因為我們認為讓年輕人聽到這場討論將對未來有所助益。一位跑者兼禪修者傑瑞·默多克（Jerry Murdoch）擔任主持人，高盛集團（Goldman Sachs）也斥資主辦。雖然這是一段非常繁忙與令人興奮的時間，但我仍然能夠安排出自己跑步與禪修的時間。

在繁忙過後，我像許多人一樣享受一場美好的跑步。經過全天候的會議或授課，而沒能做太多運動，我盡可能努力地去跑步一下。做了這種健康的活動之後，我感到十分快樂。同樣地，我在心理上也秉持正面的想法，而後禪修於慈悲，透過延展一己之心

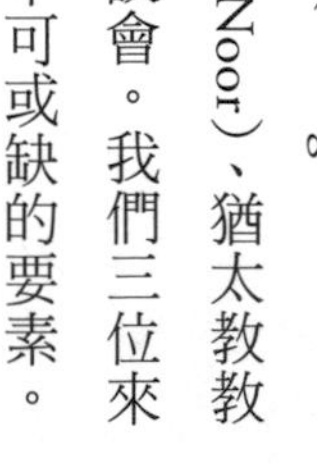

至他人身上，我自然地感覺更加喜悅。從事運動和禪修，是身體與心靈快樂的入門票。我們也許不想做它，但它對我們確有好處。

在「獅子」的階段，你應該熟悉且習慣於快樂，不要害怕它會消失，信任其自然性。這快樂是心靈的自然螢幕保護程式，沒有必要老是讓自己煩憂於一封封電子郵件，或上網瀏覽娛樂與花邊新聞；只要放鬆，並感覺安好即可。這聽起來或許有些放縱，但這是我們如何發展對自己基本存在狀態之力量和信心的方法。重要的是認識到快樂的感覺如何，並理解它是自然的、健康的。

感覺快樂並沒有問題，我們不需要因自己的享受而感到內疚。在同時，當我們知道了「本初善」的滋味如何，就會明白快樂不僅是某種興高采烈的狀態而已。這並不意味著我們要一直不斷地講笑話，它並不需要花言巧語，因為它早已經存在於我們與生俱來的智力、好奇心與讚賞之中。以雪獅的喜悅，我們單純地感覺心靈的自然健康。當它會轉化成欲望和迷戀時，我們便能知道自己對快樂已變得太過執著了。

能獲得長久快樂的祕密即是從事那些於心理與身體上皆健康的活動。身體的快樂來自於適當的運動、良好的姿勢、多喝水，以及食用優良、健康的食品；身體的不快樂則

❶《統御你的世界——適合現代生活的修心六法》（*Ruling Your World: Ancient Strategies for Modern Life*）是薩姜・米龐仁波切第二本寫給一般大眾的書，中文版由橡樹林文化出版社於 2006 年出版。

來自於沉滯、不運動、不良的姿勢、劣質食品，以及未飲用足夠的液體與缺乏氧氣。心理的快樂來自於健康心理的活動，如愛、布施與慈悲；心理的不快樂則來自於自我中心、瞋怒、驕傲、極端心態、激烈的情緒，以及太過散漫等。

在「獅子」階段我們所經驗的快樂感不是無所從來的，它是身體之紀律與心理之精進的結果。因此，快樂不是目的，而是身心健康活動的一個副產品。如果我們如此做，身心的快樂將隨之而來。

讓自己真實地與快樂相連，還能讓你能夠面對悲傷。如果你的心只著迷於快樂，應對悲傷時，你可能會變得沮喪或憤怒。我所學到的獲得快樂的最好辦法是，不以快樂作為自己的目標；如果你渴望個人的快樂，它只會變得更加渺茫。事實上，把快樂當作個人目標，即是通往不快樂的直接門票，因為你變得以「我」為中心。我最喜歡的格言之一是：「如果你想要悲慘，就只想自己；如果你想要快樂，就多為別人設想。」當你迷戀自我時，將很難讓「我」覺得快樂。

某些對我們健康有益的事物，我們一開始往往可能感覺不太好，這是因為我們已經習慣做些不健康之事的緣故。身心可以輕易地習於負面與正面的習慣，負面習慣的結果是不快樂的，正面習慣的結果是快樂的。待在辦公室內一整天之後，換上衣服、出門跑步有時感覺像是太費勁了，看電視似乎更對味些。但是，如果看電視的目的是要快

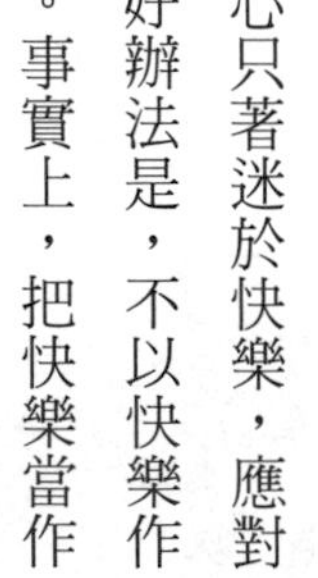

樂，我們就應該記起快樂來自於健康的活動。所以，我們應該換上運動衣而外出跑步，或關掉電視而去禪坐。

花三十分鐘操練我們的身體或用三十分鐘禪修於慈悲，會帶來活力與快樂。我們愈是明白這一點，就愈會這麼去做；我們愈這麼做，就會愈感覺健康。透過健康的活動，就能使身心的快樂持續下去。我們開始明白，不快樂僅是從事不恰當活動的結果；我們所做的活動不會導致任何成效，或在某種程度上我們已經自我放棄了，因此，我們必須保持自己的紀律。我們發現到，紀律會帶來喜悅，而絕非勞役苦工，因為紀律教導我們哪些活動應加以培養或必須捨棄。

第七世紀佛教在印度的禪修大師寂天（Shantideva, 685-763）曾說過，當我們努力從事正面的工作時，不應該愁眉苦臉，而應有一頭大象在塵土飛揚的熱天、跳進一個清涼水塘般的喜悅❷。這個比喻激勵著我，因為當我們正朝向美好的事物用功時，它不見得是很容易的，事實上，它可以讓人徹頭徹尾地受苦。當我預備禪修十天或一個月時，我以那頭大象為借鏡；在這些日子裡，一天中可能要修習十八個小時之久。我們必須在凌晨兩點半起身，三點鐘開始修行，而禪修與儀軌念誦可能一直延續到晚上十點。但我很少在醒來時感覺鬱悶，通常我會感到心情振奮有勁。

❷《入菩薩行》第七品〈精進〉：「為成所求善，歡喜而趣行；猶如日中象，遇池疾奔入。」（《入菩薩行譯注》，釋如石譯注，高雄：諦聽文化，2010，頁141）

一小時接著一小時地，念誦與禪修持續進行著，不論室內是寒冷的或是燠熱難耐，我都持有一種熱忱的心態，因為我所進行的活動具有一個良好的目的——我不僅在加深自己對教法的理解，我的紀律也能幫助他人。還有某些儀式是為了生病的人祈福祝禱，這寺院每年一度都會為一切眾生的和平、健康與福祉修長期的法會。

一般當我授課時，或在寺院研讀之時，唯一有空跑步的時機，是無數寒冷的清晨與酷暑炎熱的下午，我便把這樣的精進運用在自己的跑步與訓練之上。我試圖以大象般的喜悅來看待冷、熱或疲累感，因為我知道自己正在做一件好事。

和許多選手一樣，我也很少對一場跑步感到後悔。以「獅子」階段的喜悅和紀律，我幾乎可以在任何情況下跑步。有一年冬天，在北美最東端之一的布雷頓角（Cape Breton），我為了跑邁阿密半程馬拉松賽（Miami Half Marathon）接受訓練。布雷頓角是一座極為美麗的島嶼，麋鹿隨處漫遊、禿鷹棲息樹梢；島上有阿卡迪亞法屬後裔（Acadian roots），並以凱爾特小提琴（Celtic fiddling）音樂著名。但我並非為了凱爾特樂舞（ceilidh）而來，來此是為了進行禪修閉關。我已經佔用了一些時間來跑步，然而，在比賽開始前我仍須完成一次長跑訓練。

在我長跑的前一天晚上，吹起一場暴風雪。第二天早上，我的助理喬許・思伯斯坦——他正在作第一次全程馬拉松賽的訓練，對此感到相當失望，以為我們不能夠跑了。

但看看外面，我見到雪已經停了，無雲藍空下顯露出一個白色仙境。所以，我說：「讓我們跑步吧！」

我們把跑鞋包在塑膠袋之中，先穿著雪鞋出門。我們花了四十五分鐘跋涉了一段雪深及腰的長車道，最後到達公路，路上完全寂靜無人，幸好鏟雪車已經鏟過積雪。然後，我們跑了兩個小時。當跑過英格尼許村（Ingonish）時，人們看到我們跑步覺得有趣極了，而我們也向他們揮手。下雪創造出一種歡快、溫馨的氛圍。

幾天後，當我們抵達邁阿密時，當地的氣溫高達華氏八十五度。沒有人能猜到我們剛剛作了訓練，喬許和我都成功地完成了比賽，我們兩人都很高興。這便是運用了我們的紀律和喜悅的成果。

26

驕傲

在「雪獅」階段的禪修，我們所感受的喜悅是來自達成了某種程度的「無我」。在修習正念與覺知上，我們已經放下了一些積習重擔，去除了不少憤世嫉俗之感，也減輕了自己的重重憂慮，思考更加清晰，跑得也更快。心中有「我」，我們在哪裡都會顯得格格不入；如果心是「無我」的，我們便可以到達任何地方。修習全方位的覺照已經讓我們與一個更廣大的世界連結，並能看到自己是其中的一部分。

由於心理與身體更覺輕盈自在，這似乎讓我們登上了喜馬拉雅山的高原草地，並聞到其甜美、芬芳的空氣。我們對於自己的健壯感到自豪，甚至可能因之變得驕傲，這是「獅子」階段的一個潛在危機。

佛教傳統標識了五種驕傲。首先是「地位」的驕傲，例如，你出身於一個顯要的家族，或被拔擢到一個重要的職位，或自認為屬於某一精英集團的一分子。第二種驕傲是

來自財富，這可能與金錢或獲得如汽車、衣物等新的財產有關。第三種是「知性的驕傲」，你會因自己的學識而感到自豪。第四種驕傲是來自神勇、青春或美麗，如運動員對自己的體格外表特別容易產生這種傲慢，或當你的身體和心理處於巔峰狀態時，總有著一些驕傲感。最後一種驕傲是，「以為自己本身不具有驕傲」的驕傲。

「驕傲」是一種基於不準確之自我評估的心理膨脹——我們高估了自己。如果我們是一個經濟體，它就會有通貨膨脹。據說擁有傲慢之後，先前如溫柔和戒律等所有的善德通通會被抵銷殆盡，因為自我的滿溢，會使得我們辛苦培養的良好品質毫無發展的空間。驕傲會惹惱我們周圍的人，因為它使我們看不到他們的善德。驕傲也可以是相當危險的，它為我們鋪下了毀滅的道路。

如果我們得到了諾貝爾科學獎，卻忘記了怎麼運算數學，那幾乎是不可能的。但做為跑者，我們驕傲的基礎則脆弱得多，因為它取決於一副健康的體魄。如果我們拉傷了肌肉，可能幾個月都無法跑步。我們應避免變成只迷戀於自己的驕傲雪獅。

驕傲可能不會一次全部顯現出來。我們覺得自己已擁有強壯的體魄，所以不再需要多受訓練，而自認為已經遠遠超越那些不太具有挑戰性的賽事。我們的驕傲讓我們將自己的身強體健視為理所當然，一旦這種情形發生後，強健體魄就會開始走下坡。因此，明顯的對治良方便是「謙遜」。獅子運用謙遜以保持腳踏實地，因而不易絆倒或衰弱。

帶有謙遜的成功看起來總是令人感覺良好，但帶有驕傲的成功則顯得虛華浮誇。當我們實現自己的目標時，顯然應該會感到自豪。但在此所討論的「驕傲」，並非一種歡慶，而是一種病徵。

「幽默」則是一種查核自我驕傲的好方法。幽默表示「敞開」，我們無須總是開玩笑或惡作劇，反而是持有一種靈活的態度。跑步與禪修不斷地引領我們到一個開放的境地，所以，如果發現自己執著於自我的成就，我們可能就應該穿插進一些幽默。我們可以花一些時間與朋友相處，放輕鬆些。這樣做，對我們的心靈與態度將會有所幫助，也必定會有益於禪修。能夠玩笑逗樂，特別是能夠嘲弄自己，這是生命生存的工具。

「驕傲」一詞的藏語是「ngagyal」，直譯為「我很偉大」（I am great）。這不同於「我感覺非常好」（I feel great），後者與「信心」有關。「信心」是正面品質的副產品，而「驕傲」是正面品質中負面質地的產物。因此，在「獅子」的階段，重要的是享受我們所完成的，但要把「自我」（ego）留在門外。

第二階段

「獅子」的思惟修：難得之幸運

在「獅子」階段，我們思惟幸運之感。即使我們也會有一些挺困難的日子，但如果還能夠跑步、禪修，就可能已有很多值得感謝之處。欣賞珍惜我們是誰、我們擁有什麼，可以激發自己的活力、力量與意志。思惟自己所未擁有的，將引領我們至負面與絕望的道路。我們可以感謝自己的身強體健與運動能力，以及相對而言較為清明的心智與五根。經由思惟這些真理，我們可以總結地說自己是非常幸運的。

首先，我們是活著的。我們這些住在西方國家的許多人，有相對穩定的政局與經濟生活，可以自由地思考，做自己想做的事。我們生活在具備冷、暖空調設備的房子，且有朋友與家人為伴。在大多數的情況下，我們都有良好的醫療照顧。

當你思惟自己的好運道，便會發現自己還擁有這類的想法，例如：「我住在美國，但我寧願住在加拿大」，或「我賺很多錢，但我不如某某人那般富裕」，或「我很健康，但我真想再年輕十歲」。如果發生這種情況，要覺察自己已經不再思惟擁有的好運道，而是開始思惟「遺憾」了。試著儘量處於當下，你便是正在訓練及發展自心。思惟好運，你會感到喜悅，並覺得自己是特別的，這種感覺讓你想要明智地運用生命。在這樣思惟之後的結果是，你會更加賞識自己所擁有的，並且不會花太多時間去希望事情與現在有所不同，因而比較不會浪費光陰。

當我們感到幸運時，我們必定會想要朝著正面的方向前進。以此心態，就比較容易去改變一些不良的習慣。我們會發現向他人道歉並非難事，不需要懷恨在心，記恨其實是很消耗能量的。我們能做好所從事的一切工作，而不會希冀去逃避它。

感覺幸運時，我們的內在會發展出一種甚深的讚賞之情。因此，我們會更熟悉於讚賞，它開始成為我們的人格特質。這種思惟修是非常重要的，尤其是在當今此世，這麼多廣告一直提醒我們那些自己並未擁有的事物，且顯示我們錯失了什麼。大多廣告所傳達的消息是某項產品將讓人感覺不凡與快樂，我們因而會感受滿足與幸運。但現實是，我們並不需要購買另一件東西或去另一個地方，以獲得這些感覺。我們可以發現此時、此地的幸運之感。

我們身處於這個忙碌的塵世，充滿甚多的選擇，「去思惟自己的好運」這想法看似單純，甚至是太過天真了。然而，這種修法是如此地有力；我曾聽説過只有一套衣物、一天食糧的禪修者，談到他們自己是多麼地幸運！當我幫助病者和臨終患者時，這感覺幸運的心態便會非常強大，其原因主要有兩點：第一，他們幾乎總是感到遺憾，因為他們浪費了太多時間，未能欣賞自己所擁有的一切。在生命的最後，他們也通常理解到，沒有任何人能知道自己未來的時間有多長，因此，我們應該珍惜當下。在自己剩餘的日子裡，他們對目前所擁有的感到幸運。

產生幸運感的思惟修不需要變得太沉重了，或成為一種狠狠責備自己的過程。我們可以簡單地運用它來提醒自己——活著是非常幸運的。

把這思惟修帶到跑步上時，我們可以補充強調自己能夠跑步是多麼地幸運，我們是健康的，可以在戶外活動，或找到了一台有功效的跑步機。

無論你的好運之感是大或小，這些都無妨，因為你讚賞的每一時刻都會漸漸地累積起來。特別是在跑步之後，我們大多數人都會覺得充滿感激，而可以把那種讚賞之情帶進自己全部的生命中。

〔第四部〕

金翅鳥

27

金翅鳥

在「老虎」階段，我們透過「正念」與「溫柔」建立了自己的基礎，而後我們也品嘗了「獅子」階段中的喜悅與紀律。現在，我們進入了訓練過程中「勇猛無畏」（outrageous）的部分——「金翅鳥」階段。在亞洲的文化傳統中，金翅鳥被描繪成一種具有人類手臂的神話之鳥，自蛋裡孵出時（已羽翼俱全），準備要展翅飛翔。此一階段的跑步特質是「勇猛無畏」的，因為我們已經準備好挑戰自己，去超越自己的舒適極限。

「金翅鳥」階段的跑步技巧，是去經歷一個新的環境，讓你自己體會那嶄新的、鮮活的刺激，因此，你可能會挑一處新地點來跑步。由於這跑步是有挑戰性的，它會用到你所有身體與精神的力量。提醒自己一些基本要點是很有助益的，例如，校正自己的姿勢，配合呼吸，並適當地以雙腳邁步。如此的正念會給你力量，來完成這項具有挑戰性的跑步。同時，你應該結合「獅子」階段的全方位覺照，你因而既能關注微細之處，也能欣賞環境。

「金翅鳥」階段的禪修方法是，以健康平衡的正念與覺知往前邁進，其結果是我們能夠超越以往的極限。在禪修中，當我們處在「勇猛無畏」的階段時，我們也可以挑戰自己坐得長久一些。如果我們向來禪坐二十分鐘至半小時左右，就可以試著坐一小時或更長的時間。我們（香巴拉中心）還有較長的修行時期，藏語稱為「nyinthün」或「dathün」。「thün」是指一段時間，所以「nyinthün」意指一整天的禪修；藏語「dawa」意指「月亮」，因而「dathün」即指為期一個月的禪修。

許多香巴拉中心皆舉辦這類為期一天、一週或一個月之久的禪修營。這些修行從早上開始，穿插以頻繁或不那麼頻繁的經行與用膳時間。這些密集的禪修訓練是具有挑戰性的，但其中有很大的益處。

我將這些禪修訓練等同於偉大的探險。如果我們決定去探索一個新的國度，但僅逗留短短一個小時，那麼，我們對目的地只是淺嘗即止而已。如果是去了一天，便會經歷更多，我們會多點時間來學習當地的文化與人文。但是，如果停留了一個月，我們對那地方就會變得相當熟悉。因此，這些禪修訓練即是去體驗及發現心靈的機會，以能熟悉我們自身。參加了「nyinthün」或「dathün」，我們就如同在家度假，返歸心源。這些較長的修行時間使我們更專精於禪修，對其目的達到更深的認識和了解。我們可

以開始看到如何能夠改變心理的習性模式，因而導致更大的轉化。

在跑步時，此「金翅鳥」階段是很有用的，因為它可以使你突破跑步成績的定型常態，幫助你超越自以為的能力極限。設下一個挑戰總是好的，即使只是小小的挑戰。因此，在這「勇猛無畏」的階段，你可選擇一個挑戰自己的目標。重要的是要明白什麼是「勇猛無畏」，它不是指去做一些危險或有潛在危害的事——那代表著極為離譜的愚蠢不智；「金翅鳥」是指一種具有智性層次的「勇猛無畏」，這也可能很簡單地只是超過你平常跑步的速度或距離。

在跑了幾場馬拉松賽之後，我思索著，與其跑另一個超越自己成績的馬拉松賽，我選擇以不同的方式來挑戰自己。我想要做一件很困難但並非不可能的事情，因此我決定去跑一個三十二英里長的「超級馬拉松賽」。由於沒有切合我個人行程的比賽，我於是創造出一個在北科羅拉多州舉行的小型「超級馬拉松賽」。我與跑友們討論此事，每個人都渴望來參賽。

「勇猛無畏」的藏語為「p'hotso」，意指「確定的推斷」（determined estimation）。換句話說，我們知道自己的外在極限。我確知自己的外在極限大概是三十英里左右，對我而言，在此時試圖跑一個一百英里的超級馬拉松賽可不是勇猛無畏，而是不切實際且具有潛在危險的。「勇猛無畏」包括良好的判斷力，並同時具備挑戰性。

在「超級馬拉松賽」那天清晨，我們一早便起身了，避免要在正午的陽光之下完成比賽。我吃了最喜歡的跑前早餐——藍莓燕麥鬆糕，然後我們便驅車前往下車地點。

我邀請了邁克·山卓克（Mike Sandrock）來加入我們的行列，他是（科羅拉多州）博德市《每日相機》（*Daily Camera's*）時報的長跑作家，他認為這可能會是一個有趣的題材。我們其餘的人都對即將來臨的大賽感到興奮，但邁克卻像是武士電影中的角色——一位身經百戰的武士，對一切處之泰然。那天早上我被他逗笑了，因為他正是最後一個起床的人。

我們跑步的路線包括一個二十三英里的環道，以及十英里的直線路徑，最後將把我們帶到香巴拉山脈中心（Shambhala Mountain Center）——這是一座位於科羅拉多州紅羽毛湖（Red Feather Lakes）附近的閉關中心，更是法身大佛塔（Great Stupa of Dharmakaya）的所在地。這座紀念和平與覺悟的大佛塔高一〇八英尺，吸引眾多來自世界各地的參訪者。我們賽事的地形是一偏遠的山丘地區，而且景致非常優美。

整組的跑者充溢著一種通常在做長跑之初才有的期待，我們憑直覺而知道此次馬拉松賽正是許多訓練與紀律積累的一個最高點，它對每個人而言都非常重要。現在我們都在這裡了，處於此刻。在漆黑一片的泥土路上開始跑步，有一種令人興奮和不安的感覺。有幾個人戴著頭燈。當我們在黑暗中穿越山丘時，還能聽到彼此的呼吸聲。在曙

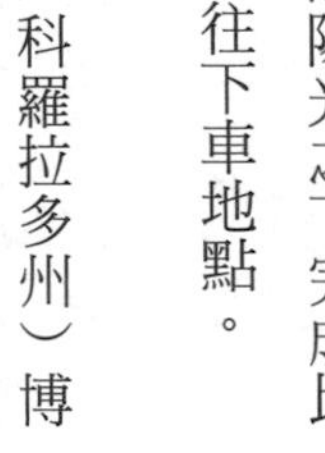

光乍現時，我們早已經跑了好一段時間，因此日出便是一個可喜之象。然而在同時，這也預示著熾熱的科羅拉多州夏日豔陽要出現了。

繼續跑著，我們來到從海拔高度八五〇〇英尺驟降至七五〇〇英尺的一個山谷；在山谷底我們經過了一些美麗的峽谷，然後到達那令人畏懼的「死谷」（death vally）——一條漫長而曲折的山徑，持續六英里之遠。這是比賽中最具挑戰性的一部分。

第十九至二十一英里的地段是陡峭的上坡路，最後又把我們帶回九〇〇〇英尺的海拔高度。一旦我們登上峰頂，地勢便開始緩慢下降，一路通往禪修中心。好笑的是，這是賽事中最簡單的部分。我們的能量極佳，而即使在這樣的高度，我們的跑步速度也相當良好。

當我們一路跑上法身大佛塔之時，人們排列於路旁為我們歡呼加油。我們緊抓著一面「風馬旗」，終於抵達佛塔，並以傳統香巴拉勇士的勝利長呼——「Ki ki so so !」——作結。在跑了五個多小時後停步下來，感覺是有些奇怪。此次超級馬拉松賽清楚地測試了我自己的極限，以往我向來能夠跑二十六英里，並還有可能跑上三十英里，但此次我在擴展極限，這便是我的「勇猛無畏」之跑。我的身體明確地感受到挑戰，而我內心的極限也同樣地受到了挑戰。

然而，我事先妥當地預備好自己來進行這次的跑步。在過去幾週中，有一天我跑了十八英里，第二天跑了十六英里，等於是在四十八小時內跑了三十四英里。所以，我知道自己的身體可以在一天之內跑超過三十英里沒問題。心理上，我也對這樣的長跑作了利弊衡量，因為我知道有可能會傷害到自己。最後，當我確定了自己的體能好到足以如此運用，我還利用這次的馬拉松賽為慈善事業籌募基金，所以，在情緒上我也覺得非常滿足。

跑完之後，我和一些人交談，他們說自己從來無法想像可以跑這麼長的距離；他們一般只能跑幾英里而已。我告訴他們，就在幾年前我也是這樣的，事實上，跑了六英里感覺上像跑了三十英里。只因我一路以來一直挑戰自己，此次方能跑完超級馬拉松賽。

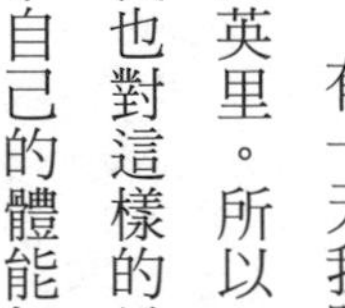

28

超越希望與恐懼

大鵬金翅鳥就如中國傳統中的鳳凰，或美國、羅馬帝國的老鷹印徽，可代表力量與權威，但在西藏的禪修傳統裡，它代表著平衡與自由。金翅鳥雙翼伸展，表示著專注的正念與全方位覺知之間的平衡。由於鳥兒可以飛行四方，牠擁有一個廣大的視野，這使牠有能力準確地評估情況。「金翅鳥」階段特別代表離於希望與恐懼——我們希望某事能夠發生，並害怕它不會發生。

希望與恐懼是源於兩種痛苦——求不得苦和怨憎會苦。我們經常體驗那種獲得自己想要之事物的快感，還有遇見自己不想要之事物的苦惱。例如，我們去餐館吃飯時，他們剛好賣完了我們所期待的招牌菜，只剩下我們不想吃的豆腐漢堡。一般而言，體育運動更能提供希望與恐懼的基本例子——我們希望能贏得比賽，擔心自己會輸。在跑步時，我們總是不斷地被希望與恐懼所包圍。禪修也是經驗希望與恐懼的一個好例子——我們希望能有甚深覺證，而擔憂自己無法悟道。

尤其是對於跑者與禪修者，此心如何面對、處理痛苦與快樂是極其重要的。正如我前面所說，心的最基本形式是一種中性的本質，我們可以將之與看電影作個比較。如果它是一部恐怖電影，心無法處理其苦，就會試圖擺脫它，我們甚至可能會離開電影院；相反地，如果這是一部拍得很好的浪漫喜劇，心會非常喜歡它，我們真不希望電影結束。當心感到愉悅時，它不希望與之分開。如果我們觀察自心，便可以看到這兩種原則在發生作用。

至於疼痛方面，疼痛本身並不見得難以忍受，問題是心無法去面對那痛苦。在禪修時，人們往往無法處理姿勢上的疼痛、煩擾的念頭或枯燥的無聊感。無聊本身並不痛苦，但心無法去處理它時則會造成痛苦。通常，變得歇斯底里的心本身會激惱此心——我們無法同時處理痛苦與一顆歇斯底里的心。所以，當在禪修或跑步中生起疼痛時，我們需要感覺到「疼痛」與「此心無法處理疼痛」這兩者之間的差異，或感覺到一顆訓練有素之心的掌握能力。

相反地，如果情況是令人愉悅的，此心則想要享有更多的愉悅。在禪修中，這就是所謂的「安止定境的誘惑」(the seduction of calm states)——所有禪修者都想要體驗平和與安寧，心變得執著於禪定之樂，因而執著於愉悅的心理狀態。在跑步中，我們沉迷於「跑者的快感」(the runner's high)。當我們接收到更多的愉悅時，心基本上是會上癮的，若我們與那種心的愉悅分開時，可能會變得沮喪或甚至憤怒，那是很痛苦的，因為我

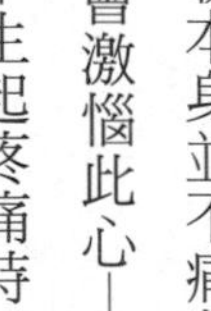

們無法處理失去能令自己愉悅之對象的恐懼。不論我們是否跑得太多，或禪坐只為了經驗那愉悅的狀態，我們自然地在把一些有益的事物變成了有害的事物。

在生命裡，我們不可避免地會經歷痛苦與快樂兩者，學習如何面對它們可以引領我們至和諧與幸福。在禪修時，如果我們無法處理疼痛或無聊感，疼痛或無聊便會成為我們的主人，然後我們整個生命都會花在逃避無聊或疼痛上。但是，若我們能夠掌握自心，那麼就能知道如何去處理無聊和疼痛。

相反地，如果我們受到愉悅的誘惑，那麼，愉悅便將主宰我們的生活。但是，如果我們欣賞和享受自己的心，那麼，我們就不會發現自己正不斷地在追求愉悅；這給了我們一種健康的自主意識，正有利於我們的禪修與跑步。

這種自由讓我們從一種不斷渴求事物的希望中解脫，這種希望是永不饜足的標誌；我們也從那總是試圖避免痛苦情境的恐懼中解脫。希望與恐懼是兩種極端的狀態；不斷地在希望與恐懼之間搖擺不定，就造成了不穩定與煩亂的心。

不論跑步與禪修，一個人都需有專注、決心和目標。同時，那決心與目標可能會成為一種疾病——我們變得雄心勃勃，因此被希望與恐懼所折磨，而摧毀了我們的訓練和修行。所以，「金翅鳥」階段是放下希望與恐懼，它並不是一種實現我們目標的技法，而是真正地認識到希望與恐懼會扼殺我們的潛力，並深入破壞我們心理的安樂。它們會緊縮我們的心，限制我們的可能性，這造成了一種惡性循環，在這循環中，恐懼驅動著希望，而希望也驅動著恐懼。我們無法具有遠大的夢想，因為我們被恐懼所困擾。為了打破此一循環，我們必須讓自己從這小心眼裡釋放出來，放鬆到一個更加寬廣的空間中。

希望與恐懼皆來自於無法欣賞自己所擁有的及已經完成的一切。就我們的禪修而言，在「金翅鳥」的階段，我們開發出更多的智性。這種慧觀被稱為「般若」(prajna)，此詞是梵語，意指「高深的知識」或「最勝的知識」。我們開始看到希望與恐懼的惡性循環，不僅削弱了我們的跑步，也毀損了我們的生命。運用般若，我們能以智慧擊退自己偏執的妄想心，減少它衍生成希望與恐懼之情況的習性。這也正是跑步如何能夠超越一般限制，幫助我們擴大心量之道。我們運用「金翅鳥」階段的跑步來對治自己的心，在它陷入希望和恐懼的循環前攔截它。

通過禪坐修行，我們可以面對這希望與恐懼的循環。在禪修中，我們開始觀察自己的心，並看到自己對希望與恐懼這兩者的循環投入了多少心理能量。認識到我們的正面品質，即是克服「希望」的方法。如果有過多的希望，我們會開始貶低自己已經達到的成就，可能會自覺不足，並害怕無法完成更多。這種憂心會降低我們的成就，並鼓動起我們的希望之心；在此的「希望」是指老覺得不夠好。在禪修時，當我們發現自

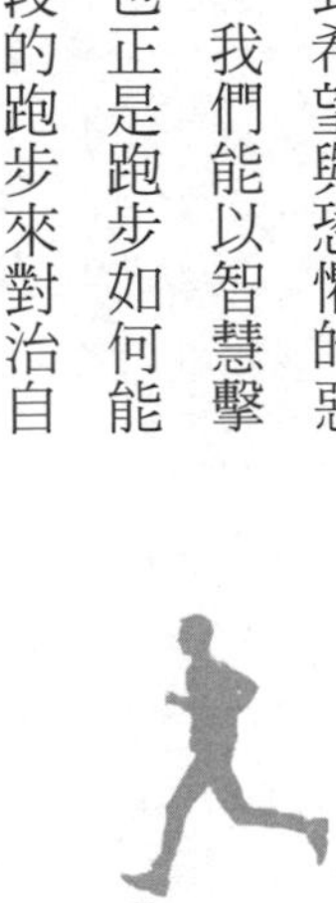

己轉向到「希望」上時，我們以「我們是誰」與「我們已達到的成就」來修習放鬆。我們無法以貶低自己來超越希望與恐懼；相反地，我們需要啟發與激勵自己。這包含修習觀想，這方法涉及「你即是你所以為的自己」的理論。如果你觀想的對象是平靜的，你就會變得更加平靜；如果你觀想的對象是令人恐懼的，你就會驚嚇、害怕。

我們其實整天都在運用某種形式的觀想。我們直接可以感受到它的影響，如果觀想披薩餅，我們便會開始覺得好餓；如果觀想一隻熊在小徑上追趕我們，我們就會受到驚嚇。因此，觀想是很常見的。在運動中，觀想你的賽事已經成為相當公認的一個常規。在比賽前，我喜歡開車經過跑步的路線；然後，當我跑步時，在某種意義上，我正在透過觀想而跑。

觀想和幻想之間是有差別的。一般情況下，運用觀想的最佳方式是去觀想最理想的情況，因此，我們應去觀想那最完美的意象。如果你知道自己可以用三小時跑完一場馬拉松賽，那麼觀想自己花了三小時又十分鐘是完全合乎現實的；但你如果觀想僅用兩小時又十分鐘來完成它，這便是一種幻想。

當運用觀想時，你必須模擬其可能性。

例如，當你進行更進階的禪修時，首先要思惟慈悲與愛的品質，然後你開始在己身培養這種品質。透過想像你所愛的某人，你生起一種愛的感覺，並保持它、熟悉它。當你這樣做時，那份愛會變得根深柢固。而後，這將使你更輕易地生起愛。

你可以想像自己在跑步，然後真正地去跑步，以作為一種跑步的觀想法。這並不是要你重新創造自己，或甚至去提升自己，而是運用觀想來擴展你的潛能。這是得自禪修的一個重要教訓——如何把重點放在積極的面向，同時也看到自己應改進之處，以及如何改進。這方法將有助於處理恐懼。

「恐懼」是不想體驗不愉快事物的後果，因此我們害怕那種輸了比賽的感覺，害怕未能實現自己的目標。顯然地，如果我們的目標是不實際的，就會有更多可畏懼的理由。因此，面對我們不符合現實的希望，首先可以減輕自己的恐懼程度，然後，我們能體驗一己天生的健康，並尊重我們的本然——體會到自我的價值感，這就是我們如何削弱恐懼的方法。

「希望」本身就是一個大騙子。我們感覺正在接近自己想要的，而事實上，它正在誘惑我們遠離它們。這種動力對禪修者與跑者而言，都是非常真實的。「希望」的心中總有一個虛幻的對象，這是推動自己至未來某種存在狀態的感覺，因此我們（似乎）看到自己贏得比賽。「恐懼」則是沒有足夠的智慧或知識的結果，它使我們通過恐懼之眼來體現一種情境，而非看到那真正在發生的事情。恐懼驅使我們作出下意識的反應。

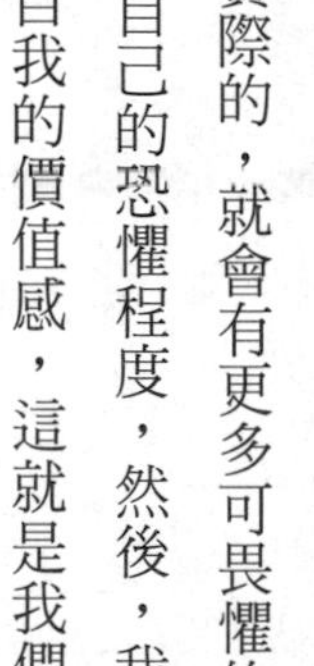

對於運動員而言，恐懼常常與執著相連。我們執著一己的身體，因此，我們害怕喪失力量、彈性、健康，或傷害到自己。執著本身並未提供太多的好處，從本質上而言，我們只是冥頑固執，無論執著與否，或體格時強時弱，以擔憂來加重那恐懼是沒有什麼幫助的。

跑者執著於他們的體育事業並不令人奇怪，正如學者執著於他們的知識與地位。學者自認為知道別人所不知的，這給了他們一種優越感；運動員感覺自己的身強體壯讓他們卓越出眾，因此，運動員會特別看重自己的體格，這是很自然的。然而，如此執著自己的身體會使心靈枯竭，這是某種層次的希望——執著那一理想化的自己。

執著愈深，我們希望與恐懼的波動就愈大。這些希望與恐懼的循環，會對身體造成嚴重損害。經過一段時間激烈的訓練，「希望」可能會耗盡我們；然後我們或許會放棄訓練，而體重便會開始增加，剛好掉入我們的恐懼之中。當有這麼多的希望和執著，我們會因之變得筋疲力竭，最後不得不放棄。而後我們會增胖，會變得不太健康，也失去了健壯的體格。

一定程度的希望與恐懼也許無可避免，但它變成過度龐大時，我們的心理和身體上就會失去平穩。因此，以「金翅鳥」階段的智性與精準的評估，我們更為落實，這給予我們能超越希望與恐懼的自由與平衡。「恐懼」是不相信我們的本初善；「希望」則是不相信本初善的存在。在禪修中，「希望」是指不能認識自心中善好的品質；「恐懼」則是對自心本有的力量不具信心。所以，「希望」使你遠離自己，而「恐懼」則讓事物蜂擁而至。因此，「希望」是對我們已擁有的不能滿足，「恐懼」則是無法處理自己不想要的事物。突破這個循環即是「勇猛無畏」，這便是「金翅鳥」的禮物。

29

自發性

我們永遠不知道（生命裡）接下來會發生什麼事。「活著」意即活在當下，準備就緒。「自發的」(spontaneous)是指「沒有計畫、立即直接的」，你不能計畫一個自發的活動，它是存在於當下並讓其自然發生的事情。

就跑步而言，「自發性」使我們的跑步充滿活力；在禪修裡，「自發性」帶來新鮮感。諷刺的是，因為我們在修習「處於當下」，所以禪修應該總是具有啟示性或清新的；然而，由於我們是習性的動物，因此往往會規範事物，甚至會去規範自己的自發性。真正的自發性會提醒我們自己的初衷。

在建立基礎時，我們運用例行的訓練來建立身心的正面品質。這種正面的品質在跑步中是指強壯的骨骼與肌肉，而在禪修中則是指正念與覺知。我們需要此堅強的基礎，以使這些活動成為良好體格、健康、平和與智慧的基石。

在禪修與跑步兩者中，我們必得堅定而持續，才能建立起基礎。然而，在建立基礎（有紀律和常規訓練）與陷入一種定型的模式中，總有一條微細的界線。有時為追求連貫一致，我們會喪失自我鼓舞的力量；如果跑步或禪修變得機械化，我們的自發性就會自動蒸發了，這可能是我們的慣性常軌讓自己筋疲力竭的緣故。在禪修裡，這就是所謂的「過度地運用對治方法」。

忘記自己的目的是毀壞我們跑步與禪修的另一個因素。如果我們忘記了自己為什麼要這樣做，那麼，對於跑步或禪坐，我們將不再有要奮起的感覺，因而開始失去自己的基礎。我們的體魄會逐漸喪失，心也變得緊張起來。

在「金翅鳥」的階段，即使你是在同樣的時間且與相同的夥伴在同一條街上跑步，你會以具有自發性的心態來跑步。你可能會激勵自己跑向草地上的一棵樹，或向一座新的山頭猛力邁進；也許你會讓其他的跑者來選擇跑步路線。即使在跑步機上，你也可以作一次自發性的跑步，例如改變速度或傾斜度，來探索新的領域。

「自發性」可以喚醒我們的意志，它可以注入能量到我們所做的事情中，因而改變我們的動力；它可以打破我們的常規，並擴展我們的視野。這就是「金翅鳥」如何超越希望和恐懼之道。

30

跑徑、山丘與氣候

在科羅拉多州跑步最好的一件事是，跑徑沿著窄小的泥土路，蜿蜒地經過丘陵與山巒。鄰近香巴拉山脈中心有無數的跑徑，人們可以跑過谷地和陡峭的山脊，偶爾還須涉水跨越溪流。博德地區擁有全美國最廣的跑徑系統，沿著這些跑徑來跑步就是一種最佳的身心協調運動。

越野跑步對身體核心部位訓練（core training）❶很有幫助，因為你必須作一些輕微的調整，並跳過岩石，所以對平衡感也甚有好處。為了不絆倒或摔跤，你的注意力必須集中，而同時還必須保持放鬆，這是訓練自己處於當下的極佳方法。當你跑在山徑上時，常常需要跑得慢一點，因此身體的感覺似乎較不吃重。此外，比起跑在瀝青跑道或混凝土路上，跑在山徑上對身體的衝擊力會較為小一些。而且山徑上幾乎總會有一些山丘，那種處於山巔時視野的改變或特別壯麗的美景，對跑者而言往往是一種獎勵。

即使只是小山丘也會讓跑步完全改變。我們的身體必須立即地更加努力工作，而有時那是相當具有挑戰性的。我跑上坡路的方法是「順服」（surrender），同時要具有決心。尤其如果它是一座大山的話，「順服」並非意味著只是放棄，它意味著去認知到那山丘是一種不可輕忽的力量。我會盡可能地去尊重它，而不是假裝它不存在，或一路與之纏鬥。同時，必須要有決心，如果沒有決心，我們就會覺得不堪負荷，而山丘也會慢慢地擊敗我們，使我們失去良好的跑姿，並耗盡我們的精力。

針對大蘇爾馬拉松賽（Big Sur Marathon）❷，我一直在進行一些跑山坡路的訓練，所以，在面臨這跑界著名的山丘地形時，我激勵自己要完成它。這不是說它不具挑戰性，而是經由尊重那山形地貌，並持有決心，我和朋友們終能夠登越成功。在這次馬拉松賽過程裡，一座大山緊接著數座丘陵，對於許多人而言，這最後的山丘群是相當艱鉅的，但在那一天，我們能夠與這些山陵合作共事，事實上，它們給予了我們更大的決心。當我們跑上最後的山丘時，人們都為跑者熱烈歡呼。

❶ 身體核心部位訓練（core training）是指增強核心肌肉力量的特定訓練，此類訓練對運動員而言非常重要，可有效地預防運動傷害、維持軀幹穩定、強化活動力量等。「身體核心」主要是指軀幹中部，包括腹部、背部和骨盆部位；而「核心肌群」即指環繞脊椎的腹、背肌肉群。

❷ 大蘇爾馬拉松賽（Big Sur Marathon）是一國際聞名的馬拉松比賽，位於美國加州北部，全長廿六．二英里，路徑以山丘地形為主。沿著加州一號公路之風景線，瀕臨美麗壯觀的太平洋海岸，蜿蜒行經國家公園、紅木林、大農場、牧場，最後跑抵卡梅爾（Carmel）白沙海灘。國際長跑者對此條路徑的挑戰性懷有極高的評價。

另一方面，跑在略微傾斜的下坡路上，你可以進入一種流動與協調一致的步伐。因為有一點動勢，所以會覺得自己好像正在飛翔。我的馬拉松賽跑友喬恩．普拉特說，當他跑下山時，他覺得不再具有自我意識了；有很多的跑者都會感覺到這種流動性和自由感。我們所感覺的即是「金翅鳥」的平衡與自由。

我曾多次在極端的天氣中跑步，如果你是一個跑者，你毫無選擇的餘地。因為我總是旅行到不同氣候的地區，遭遇過一些令人難以置信的溫度變化，從華氏零下三十度到超過一一五度。我最難忘的跑程之一是科羅拉多州瑪格麗特山徑（Mount Margaret Trail）。

那時，我剛教授完畢一段長時間的禪修和佛教哲學講座，時間已是下午，我以為還有點可以跑步的時間。我們一群人驅車二十分鐘抵達瑪格麗特山，下了車，並開始起跑，我們注意到北方天空有一大片烏雲。當我們開始跑時，這烏雲愈來愈靠近，氣溫開始急劇下降，並下起了雨。當我們決定轉回頭時，濃密而巨大的烏雲直接衝向我們，並加上了一些冰雹和閃電。我們愈靠近終點時，那閃電就似乎更形接近。當閃電和雷聲開始同時發生時，我們知道自己可真的遇到麻煩了。然後，我們遇見一大群母牛，牠們似乎嚇壞了，都在哞哞地叫著，並驚慌地四處奔逃。那時，我們身畔有閃電、雷擊，還有橫掃的暴雨，以及從天而降的冰雹，而且我們還發現自己被自由放牧的、狂奔的母牛給包圍。

有人提議跟牛群一起跑挺好的，因為萬一閃電擊下，將先打到牠們。我覺得這似乎沒有什麼慈悲心，但在恐懼和危險時，慈悲經常是第一件消失的事物，這就是為什麼我們要在禪修中修習而使慈悲心穩定的原因。可怕的是閃電和烏雲好像在跟隨我們，當山徑轉到左邊，雲就往左走。我們跑過一片半天然林地區，但為了回到車上，我們不得不衝過一大片開闊的原野。因此，我們急速地穿越草地，而在其上閃電可以很輕易地打中我們，感覺自己有如戰場上的標靶。

然後我們做了「後半程加速」（negative splits）跑法，也就是後半程山徑越野跑的速度比前半程的要快一些。母牛跟了我們很長一段時間，但最終不得不各奔東西。當我們回到車上後，閃電在四方落下，我們很高興自己能活了下來。因為天候帶領我們超越了自己的安適區，毫無疑問地，在那次跑步中我們非常地處於當下，且正念分明。

31

心如天空

在一個冷冽、清新的蘇格蘭高地（Scottish Highlands）早晨，我預備進行一次十英里的長跑。那年冬天，喬恩．普拉特和我已進行了許多訓練，我們的體能都處於良好的狀態，我們的跑步具有一種喜悅而神奇的品質。我的心異常清明，完全地處於當下，我注意到跑徑上的每一塊岩石，甚至還能見到松針上閃閃發光的露珠。每一陣風吹來都鼓舞、振奮著我；即使是雙腳踩踏路徑的回音，也把我帶回當下那一刻。當我們吸氣、呼氣時，排出的熱氣產生了白霧。我感覺跟蒼天和大地相連；心完全地與環境中的一切相處共存，而它保持著寂靜，我也能自我覺知（self-aware）。

在那次的跑步中，我們在經驗的是「動中禪修」（meditation in action），藏語稱之為「selwa」，意指「覺知與清明」。當心完全處於當下，它是放鬆的、靈活的、敏感的，感覺上更為輕盈、明晰。它注意到一切事物，但它不被任何事物所擾亂而分心。這是一種明確知道自己處於何處、正在做何事的感覺。

我們通常認為「自我覺知」（self-awareness）是「自我意識」（self-consciousness），但自我意識是較為負面的狀態，在其中我們只專注於自己，缺乏心理上的浩瀚開放。我們可能會覺得自己性格內向，或有一種幽閉恐懼感，這樣的空間並不是「selwa」，因為我們雖然覺知自我，但我們的心既不明晰，也不靈動，事實上，它是處於一種混亂而迷惑的狀態。由於我們的視野和心理範圍是有限的，就很難作出準確的決定。我們如此意識到自我，因而看不到自己正在做什麼，我們並不具有「般若」。

喬恩與我那天所經驗的、那種具清明和了知的禪修性自我覺知，是心離於包袱，放鬆於環境中，並能欣賞一切事物的結果。我們認知自己處於一切事物的龐大結構裡——我們並未與環境分隔。因為我們真實地存在此處，因此在心理上不希望前往任何其他地方。我們不會被負面的想法或白日夢所擾亂而分心，心與周圍環境完全協調一致。因為心不把此一經驗與過去的情境來作比較，或希望在未來有更好的情況，所以它不會覺得厭倦。這種狀態下的充沛與喜悅不一定是興高采烈的，而是有一種深沉的滿足感。這便是「老虎」的知足、「獅子」的喜悅，以及「金翅鳥」的自由與平衡。

我們那天所經歷的，並非是一種平行宇宙或某種高亢快感。它既不是偶發的事件，也不是什麼特殊心境。更確切地說，我們開始感覺到己心的自然品質——我們禪修的天然產物。

許多跑者都經歷過這種層次的清明與精確感，由於缺乏一個更好的詞彙來描述它，所以它就被稱為「跑者的快感」。一般認為，跑者的快感來自於身體腦內啡（endorphin）的釋出所致。在我們跑步及從事其他體育活動時，腦內啡的確被釋放了，使我們較不會感覺疼痛。即使是在禪修傳統裡，我們也要鍛鍊身體，以幫助心的穩定。它們所根據的原則是清除身體的擾動和壓力——用運動來消耗身體，使心更柔軟而適於禪修。同樣地，工作完畢後進行一個良好的長跑，讓體力耗盡，這直接或間接地使心更愉快，更能適於工作。身體的耗盡與心理的緩解之間有直接的相關性。

禪修中生起的清明並不是單純身體活動的結果，「清明」是心的本然狀態，如同天空一般。壓力與擾動有如雲朵，如果我們不常望向天空，而突然雲破天青時，其清明度可能讓我們感覺很不尋常，但我們知道它是天空。正因如此，當禪修讓如天空般的心穿破妄想與憂慮的雲層時，我們便能見到心本具的清明、覺知和喜悅。

我們愈熟悉這種覺知與喜悅，它就愈來愈成為心的相續性。同樣地，如果我們讓焦慮與擔憂的習性變得根深柢固，它們也會成為自心的相續性。壓力與清明的差別是，清明是與生俱來的，並非造作而生的。無論我們〔生命裡〕有多少個陰天，雲層後面的天空是晴朗、湛藍、明亮的。

我們都像是大自然本身，以分心、惱火、憤怒和壓力來製造各種天候狀況。就如同氣

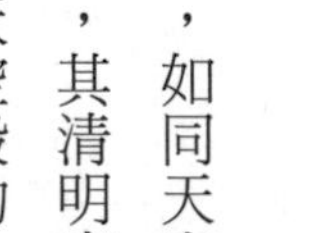

象預報員，我們不斷地談論著它，還說天氣可能會如何變化。氣象預報員對風暴何時消弭具有直觀，我們也能像他們一樣地了解到當（心中的）天氣轉晴時，此心本來的清明與光輝便會出現，而這將是美麗的一天。「美麗」（beauty）一詞即意指「有吸引力的與平衡的」，這正好描述出自心的天然品質。

32

精確的評估

偉大的禪修導師寂天菩薩曾說過，「美」是心的本具素質之一。美麗的心是指心具有勻稱性，就如一朵美麗的花；「美」的另一個面向是知識。在我們的跑步中，喬恩和我都經驗到這兩個面向，不是因為我們所處的環境具有非比尋常的吸引力和平衡感，而是因為心具有勻稱性。心不過度地向內或向外，也不因太多的想法而失去平衡；身體與心理處於平衡之中。這種對內在美的覺知，讓我們體驗到外在的美，所以，我們能夠欣賞樹木、綠草、參差的岩石，甚至是凜冽的寒風。這便是「金翅鳥」全景鳥瞰的視野。

認識到我們經驗之美的是「覺知」，「覺知」意指「對某事物的了解」。我們所能了知的最美事物，是知道此心是自然地清明與光輝；這種「精確的評估」(accurate assessment）或「最勝的知識」被稱為「般若」。當我們繼續禪修之旅時，般若的覺知和慧觀會變得愈來愈重要。了知事物的真相，可以讓我們忍受艱難；而不知何為真實，

或忘記了心的「本初善」，便常會使禪修者離開正道。同樣地，忘記了跑步能使身心健康，也常會使跑者離開正途。在我們跑步的那一天，我所經驗到的覺知與清明並不令人意外，因為我已經知道那是自心的本然狀態，因此，我可以在這種知識中放鬆，使我更能培養此一經驗。

了知心的本然狀態即是覺知與清明，這正是運用禪修之心到我們的跑步和其他活動的關鍵。由於這種「最勝的知識」，使跑步從搖擺不定的情緒起落，轉變成一種自我覺知的旅程。

我們要如何才能在跑徑上培養「金翅鳥」的精確評估？首先，我們必須知道自己所處之地，以及自己正在做什麼。我們總是用跑步來讓自己恍神，使心遠離肉體的活動。當這種情況發生時，我們的身和心已經分居了，這可不是一個幸福的婚姻，這就好像身體正在廚房裡做菜，而心卻跑到客廳裡看電視去了。

當我們應用禪修之心時，由於正念之助，心開始放鬆於它的自我覺知中。在注意力使用過度與不及之間，我們有種適當的平衡。與靜坐的室內環境所不同的是，在室外跑步的過程中，每一秒中我們都可能會遇到一個新環境，我們正念的對象可能會根據地形和自己的感覺而隨之變化。一開始，我們的注意力或許會先關注於呼吸，接著是腳部的運動，然後它可能會轉移到視野上——我們注意到一棵樹木、一塊岩石或一部汽車。我們的禪修對象從這一個轉到另一個並不是分心，而是單純地在改變聚焦點；我們對自己正在做的事有足夠的注意力，但並不強迫它。依此，我們對自己的身體通過空間具有一種自我覺知感。在視覺上，我們的目光保持放鬆，不斷地有收攝回來自己所在之處的感覺。這是以我們正在做的事情來盤據自心，但也不過於吹毛求疵。在這舒適的平衡中，我們發現那可以往前邁進的自由。

在「金翅鳥」階段，我們禪修的對象是正念本身。我們的注意力安止在心完全處於當下、認識並覺知的經驗上，它既不過分地向內撤回自身，也不受其焦點引誘而分心，這些〔會令人分心的〕注意焦點可以是雙腳接觸地面的觸覺，或見到前方樹林中濃霧的視覺。更確切地說，此心會覺得自己的內在充盈飽滿。當這種情況發生時，妄念很少；心不煩亂，而處於當下。

就某方面而言，關注於正念是一種更進階的方法，因為我們在用自己心的力量來引導心。不過，在跑步的過程中去感覺自己處於當下也相當容易，因為在很多方面上，跑步鼓勵著我們要正念分明。因此，我認為這種正念的方法對於禪跑者（running meditator）是一個自然且愉快的方法。

為了以正念作為禪修對象，禪跑者需要對正念的感受有一定的理解和經驗，我們首先在禪修時發現這一點。在禪修與跑步中，透過對正念的持續覺知，這方法能夠成為一

種穩定的引導，就如同地平線或一顆遙遠的星辰，我們在整個跑步過程中可以藉此保持正念，並處於當下。

把正念當作你集中焦點的方法，取決於你是否能於跑步的環境中感到安適。正如坐禪，當你覺得安適時，便可以輕易地把注意力帶回呼吸或某個思惟修的念頭上。如果你坐在那裡，但不斷地分心，將很難達到深度的禪定。同樣地，如果你對環境一直感覺不舒服，要體驗更深層次的跑步之心將是非常困難的。你可能會不斷地受到汽車、下雨、冰雹、風勢或行人所擾亂而分心；當結束跑步時，你的心可能會感到更加狂亂。在一種更具支援性的環境裡——沿著一條溪流或在一條安靜的街道上跑步，你將自然地進入更深層的意識中。

此一禪修的關鍵是知道「正念」是什麼。一旦體驗了禪修帶給你信心之後，你就幾乎可以在所有情況下練習正念。即使在富有挑戰性的環境中，你也會感到一定程度的平等泰然。當你不受外在干擾的威脅或誘惑時，你幾乎可在任何地方自然地放鬆；因為你完全地處於當下，能夠安止於更深的意識和更具正念的心中。

找到一處讓我們覺得舒適而感到平衡的地方，這樣能減輕跑步的無聊感，「無聊」往往是缺乏自我尊重和做太多比較的結果。無聊本身有個「興趣度量表」，它與自我價值感直接相關，我們因為不認為自身的活動值得自己的關注，因此就不感興趣。有時無聊也與驕傲相關，例如，當我們認為等候公車這類的活動是有失自己身分的活動時，我們就會變得惱怒或生氣。

在我們以禪修之心來跑步時，所採取的心態是，自身的經驗是值得自己關注的。當我們認為某種活動是有價值的，就不會把它與其他經驗相比較；一旦我們開始把這種活動跟自己對過去的回憶和對未來的幻想相比較，這意味著我們以為它們或許會更好一些，這便使得此刻的經驗更失去了價值。當我們具有一番好心情，讚賞自己正在做的事，例如在健身房鍛鍊，或在一個風景並不優美的地方跑步，那些跑步都會變得愉快而有意義，因為我們在從事它們時都處於當下。因此對賽跑選手而言，讚賞與自我價值感都是應該去培養的良好品質，以作為「野心之燃料」的替代品，它們能使我們在道上跑得更遠。

以「勇猛無畏」來跑步的好處之一是，使我們在跑步時沒有野心。由於跑步本質上是一種以達成目標為主的運動，在此階段的跑步中，我們可以先解除自己的那種取向，讓我們在此階段能夠不設定目標的是對自己健康和能力的固有信任。我們不需要去證明自己，在這個層面上，其實它並不重要。過去我們已經達成了眾多目標，而現在唯一的目標就是沒有目標。在心理上，「金翅鳥」階段是指跑步時沒有希望和恐懼，而非不斷地被驅動著。以這種方式跑步有助於我們更安住於當下。

當追求目標的野心是我們的主要動機時，它就會讓我們失去平衡。以自我價值感來跑步，則能完全地消除那種當他人不具我們的跑步水平時，我們變得過於傲慢、藐視他人的心——我們因此能夠節省精力。自我價值感甚至能讓我們欣賞其他運動員的才能，而沒有被他們威脅的感覺。

隨著對自己跑步的經驗變得愈來愈熟悉，我們因此對自心的感覺也愈來愈熟悉，我們正在加強那處於當下、清明和了知的能力。在我們的跑步中保持一種平衡、禪修的空間，我們便能放鬆，並對自己正在做的事有一個精確的評估。這就是「金翅鳥」的修習。

33

不可太過度

在「勇猛無畏」的階段，我們必須小心，不要太過度。金翅鳥的祕密是，牠的勇猛無畏完全取決於我們的沉穩踏實。我們萬萬不要如〔希臘神話中的〕伊卡洛斯（Icarus）般飛得太接近太陽，因而融化了我們的翅膀。跑得過度，或在情緒上、社群中變得疏離，這肯定是一個障礙。因為這麼做時，我們就變得不落實了，而會孤立於家人和朋友之外。

同樣地，在禪修裡，如果我們太過孤立——太沉浸於自己的心念之中，能量便會轉移。我們稱這些極端的心理狀態是心的「臨時境界」（temporary states），因為它們的特點是那種以為我們正在取得某些進展的錯覺，而我們實際上是正處於一種中等幻覺的苦悶裡，並非一種禪修的體悟。我們禪修是為了變得更健康、可親，富有慈悲心，並處於當下，如果我們發現自己不甚健康、更不可親、少了慈悲心，且不處於當下，那麼我們就錯失了重點。同樣地，如果跑得過多，我們可能會筋疲力竭且衰弱不堪。在此之前，我們在建立自己，但現在卻在摧毀自己。

這些「不落實」的經驗是由某一些因素所導致，但它們往往起源於一種微細的驕傲感。我們自認為是有本領的跑者或禪修者——我們是行家，所以便會開始較不去關注基礎的要點。這種驕傲的氣息通常會漸漸使我們偏離正途。在禪修中，我們開始想體驗別人沒有體驗過的事物；與其讓經驗自然地生起，我們試圖培養出最究竟的精神境界。因為無法感知什麼事正在真實地發生，我們就不能再真正修行。溝通變得相當困難，因為驕傲已孤立了我們。

克服這種障礙之道，是以正念和覺知的基本方法來讓自己再度落實下來。我們可能要重新認識自己禪修或跑步的背後動機；甚至可以去找一位更有經驗的跑者或禪修者來指導我們。如果我們進行很多的跑步或禪修活動，也必須始終留心這些潛在的障礙。

正念和覺知讓我們體驗到跑步的自由與空間。我們的現代世界是結構化的，但跑步無須成為另一個必須履行的義務。特別是在「金翅鳥」的階段，我們已經實現了自己的許多目標，再有更多的目標只會讓事情變得更加複雜，現在應是放鬆的時刻了。我們跑步只是因為喜愛去做它，不是因為它的長距離，或因為在做間歇訓練（interval training）❶，而是跑步本身即是我們唯一擁有的追求目標。就如小孩子夏季時會興奮

❶ 間歇訓練（interval training）是指一種有氧訓練系統，重複穿插高強度的運動階段與低強度的休息、舒緩階段，整個訓練具有結構性。間歇訓練可適用於跑步、單車、划船和游泳等心血管運動，是一種有效地促進身體新陳代謝過程、血液循環、增強體格耐力的訓練方法。

暈了頭一般，我們跑步，是因為它讓人感覺很好。

即使你是一個進階的跑者和熟練的禪修者，請記住「老虎」與「獅子」的品質，保持「金翅鳥」的落實於大地。在這些遠距離和充滿冒險的跑步裡，應儘量全程保持專注力——包含正念與覺知、內省與意識。甚至當你以新領域來挑戰自己時，保持聚焦、覺知而放鬆，這是基本的底線。因為你不了解新領域，甚至可能會有輕微的恐懼。當然，你應該要小心，不要做含有潛在危險的跑步，而是讓它們具有挑戰性。同時，也保持你鳥瞰大地的視野，結合正念與覺知，以對情境做出一種不過度的精確評估。

第三階段

「金翅鳥」的思惟修：愛與仁慈

在「金翅鳥」階段，我們擴大自己的心去包含其他人。幸福快樂是與家人、朋友之間愛與仁慈的體驗。「愛」的意念是一種最強大的感覺，父母的愛使我們來到這世間，特別是母親的愛，讓我們能夠生存下來。一個人對另一個人的愛，使我們能夠溝通、交流與成長。比較不那麼強烈之愛的形式則是「仁慈」。向別人表達愛與仁慈，能夠幫助他人，並使自己的幸福更加穩固。這種愛與仁慈是人類心中所本具的，雖然我們大多數人都曾不經意地體驗到它們，但它們可以被培育養成。它就有如「金翅鳥」的自由，是無量無邊的。

有關愛與仁慈的思惟修，一開始可先想起你所愛的某個人。當你想到那個人時，一種仁慈、深情與愛的感覺會油然而生。在你祈願另一個人能幸福快樂時，愛便會成長，它可能不是一種很深刻的情感往上湧現，但在這個先天本具的利他時刻——當你認為做些什麼事會讓他們高興時，能使你離於自己心理關注的焦點而去關注他人。一旦你已經生起了這樣的感覺，就保持下去。這是種非常強大的修習法門，因為它可以克服我們的自私自利。而且反諷的是，這種對他人愛和關懷的感覺，其實正是使我們快樂的最佳方式。

幾個世紀以來，禪修者已經確信不快樂、痛苦與壓力的根源，本質上即是自我中心。在我們做此一思惟修時，我們當然仍要繼續好好地照顧自己，但我們看待世界的態度已經從「什麼能讓我開心」的問題上做了轉變。當我們期待外在環境能帶來快樂時，我們是在為自己設定好一個又一個的「失望」。金翅鳥飛越翱翔於這種恪守的常規與狹隘的心量之外。

「金翅鳥」階段的思惟修主要包括希望他人快樂的甚深願望。在安頓我們的姿勢與平靜自己的心之後，我們把焦點集中在愛與仁慈上。首先，我們想起自己的朋友和家人，並將衷心的愛與仁慈延伸至他們身上。然後，觀想這些品質的無限力量，甚至傳達到遠方的朋友和熟人，而後，我們將它擴展到不相識的陌生人身上。當這樣做時，我們會明白，愛是可以無限擴展的。我們愈修習它，自己的心靈與心智就愈來愈廣大。現在，我們還繼續將愛與仁慈延展至自己的敵人和其他難以相處的人身上。這就是如何訓練我們心靈與心智之本具能力的方式。

關於慈悲的思惟修，是指把一個身處痛苦中的人帶入我們的心裡。我們即刻地便會感受到某種移情作用，我們希望這個人的不舒適與疼痛能夠終止，這種想法便是慈悲。在這種思惟修中，我們對慈悲更為熟悉，我們開發它，並於其中訓練自己。以此方式，一種富有慈悲心的態度會變得日益自然。

思惟愛與慈悲的好處是，它能使我們在生活中更容易表達這些美德。這些思惟修是一種讓心更為強壯、更靈活，且讓我們幸福快樂的有力方法。它們使我們的心能夠容納更多，也使我們心的質地更強。因此，我們的心不再那麼緊張，日常活動也較少負擔了。

愛與慈悲是心需要去修習的元素。如果修習刻薄和憤怒，我們只會變得對其更熟練，在這種狀態下，我們會從惱怒變成蔑視和仇恨。這些情緒給人很不好的感覺，它們沉重地壓在我們的心上，我們只會覺得好疲累，如果不是已經完全耗盡的話。這些對愛與慈悲的思惟修，是在訓練此心朝往另一個方向——超越只設想我們自己的健康與福祉之上。

龍
〔第五部〕

34

龍

跑步與禪修都有一種隱蔽與神祕的特質，那是超越言語的，「龍」的階段便是體現了這種無法表達而只能經驗的甚深意旨之感。在此階段，我們思惟深奧而有力的主題。它們是我們個人的祕密——思想、感受和見解，它們是如此地私密，難以確切表達或為他人所理解。這祕密的內在層次賦予了人性的深度。

「龍」的階段是我們存在的寬宏氣度開始真正光彩照耀的階段。通過跑步與禪修來訓練自己的身心，我們已經變得強壯、溫柔且仁慈。現在，我們已經達到了個人與社會的抉擇路口，我們的跑步與禪修已發生了巨大的轉變，這些活動的進行不再是只為了個人的利益，我們是以一己獨自的努力來利益他人。我們的跑步可以成為造福世界的一個工具。

就如龍的本身般，這種以自己的活動來造福他人的意圖，是頗難捉摸和神祕的。但做為禪跑者，我們知道當自己有足夠的勇氣處於當下時，我們就有了轉化世界的能力。「龍」

的階段具體展現了所有「老虎」、「獅子」、「金翅鳥」關於專注、振奮與平衡的教誡，因此，「龍」的升起，是由於因緣巧合與幸運吉祥。在「龍」的階段，禪跑者開始對應此種動力，這神祕而神話性的龍，正是人類心靈中難以形容之力量、輝煌與深奧的象徵。

在香巴拉的傳統中，「龍」認知到當勇士的心轉向非概念性智慧的那一刻。在這完整的體現與超越的獨特感受發生時，我們稱它為「連接蒼天與大地」。無論是個人與社會，這裡具有一種深刻的誠實感。奇特的是，觸及到這「難以表達」的事物，卻使我們與他人神奇地連接起來。

龍是這種矛盾的一個象徵。據說龍生活在地面之上，但牠能騰雲駕霧，靈動流轉，探頭窺看，然後作勢回轉入羽狀的白色積雲中。

在西方，龍是被聖喬治（Saint George）屠殺的生物，牠可說是危險的表徵；但在東方，龍因其力量、神奇與吉祥而受到高度崇敬。在西藏，我曾聽過許多人親見此一神祕生靈的故事。坐落於印度和中國之間的不丹王國，藏語稱之為「drukyu」，意為「龍的土地」。

在中國，龍是智慧的終極象徵，它作為帝王的標誌，代表著蒼天的原則，其特點是力量與寬仁。如果皇帝以智慧來統治，蒼天與大地將會結合起來，而和平與繁榮將昌盛廣布。因此，龍被視為是不可測度的。

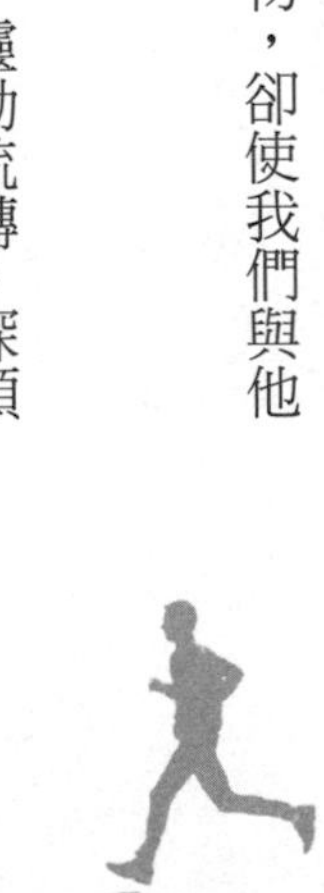

對於跑步者與禪修者，「龍」代表著一個神祕的階段，其間我們開發某種層次的洞見，讓我們能夠與內在深處的心願和渴望相連結。在這些思惟性的跑步中，我們不是僅僅縱容自己去沉醉在白日夢或幻想裡，或只是發洩心理壓力，相反地，我們是把有益的想法帶入心中。在「龍」階段的跑步，我們專注於貫穿一己生命的重要課題，當我們聚焦在某個選擇性的思惟之上，跑步就變成了禪修。

最有助益的想法是那些慈悲、關愛他人或超越一己的種種想法，這樣的聚焦點對跑者是具有挑戰性的，因為跑步是如此個人化的一項運動，它也可能會過度地自我沉迷。但你可以專注於其他有益的想法，例如，如果你決定要在生活中做個改變，跑步與思惟或可幫助你看到如何做出這樣的改變。

移動身體，並〔同時〕帶出一個重要的想法來加以思惟，這兩個活動是高度相容的。我們可能會明白自己犯下一個錯誤，而需要向別人道歉；我們也可能會思惟自己目前生活的方向；我們可以思量生活裡需要改變的面向；我們也可審視自己的願望和夢想，譬如，我們可預見自己奔向想要完成的事業。

在有關禪修的古籍裡曾提到，智者與愚者的區別不見得是你是個什麼樣的人，而是你如何利用自己所擁有的。智者具有想像力，無論他們面對什麼情況，都能夠見到其中的可能性；但當同樣的情況出現時，愚者則會因無想像力而缺乏可能性。我發現，這點智慧有助於跑步、禪修與日常的生活。

在現實中，我們有時愚昧，有時又很聰明。當生活向我們提出了挑戰，而我們能夠利用它們時，我們便是明智的。當我們變得不堪負荷，且看不出任何的可能性時，我們就變愚昧了。

當我們在禪修中是明智的，此時便能夠保持每一刻的清新鮮明。但是，一旦我們開始失去自己的想像力，冷漠無趣的箭就會射中我們；同樣地，在跑步中，如果我們失去了想像力，便會被懶惰的箭矢所射中。

在究竟上，生命是一個發展自己總可以善用眼前事物之能力的過程。由於心是無限的，所有的可能性也是無盡的，但如果我們因認為某事是不可能的而屈服，就將會誤以為只有一種可能性。

富有想像力不應與激烈進取相混淆，這並不意味只是單純地勇往直前而已，它能夠以三六〇度的視角觀看全景，去看看發生了什麼事。「激進」只是在推動單一面向的現實，而非全面的現實。

因此，在漫長的生命旅途中，我們會不斷地面臨不同的場景。有鑑於此，我們必須觀察每天的跑步，以及它所需要的想像力。即使受傷了，我們仍必須懷有想像力，以找到不

一樣的運動方式。同樣地，如果我們禪修，也必須找到不同的正念之法。如果日常的行程忙碌不堪，我們還是得尋求一些訓練自心的方法。這就是「龍」階段的基本特質——能夠看見生命的可能性。

即使在跑步的途中，找到一處舒適的地方禪修幾分鐘，就運動方面而言，對我們的身體便會有所幫助，就心理方面而言，也能幫助我們澄清什麼是最重要的。從跑步得致的信心，或可以給予我們向人道歉及更換工作的勇氣，或者理解到自己的一些習慣正在侵蝕著我們個人的誠正信實。我們或者能見到這些習慣是如何根植於執著、恐懼或自我沉迷之上。

在「龍」的階段，你可能會以較慢的速度來跑步，這讓你能觀察內心的感覺、想法，以及想要深入思索的見解，這可能意味著你要在一條僻靜的跑徑上或獨自於清晨時分跑步。我自己最喜歡的「龍」之跑步是在科羅拉多州一處特別的九英里環道上，在半途上，我會經過一個小湖泊，那連結到一片草原，草原的盡頭是座懸崖，提供了一片壯麗的峽谷風光。

龍也往往與吉祥相關。有一天，我決定跑到祕密的「龍」之跑步地點。那時，我正在思惟一些想要著手採行的變革。在西藏的傳統中，我們經常尋找徵象。例如，如果你看到一碗水果，它代表了一些積極正面的事情將會發生；或看到一根斷落的枝枒，這可能代表一些負面因素。在那一天，當我跑到草原上時，有一匹白馬站在其間。雖然我從未在這一帶見過任何馬匹，但牠站在那裡，直盯著我；牠繞著圈子奔馳，我為其美所震懾。然後，我下望山谷而禪修，那白馬只是站在那裡回頭凝視著我，我因而視此為一個好兆頭。

吉祥徵兆聽起來像是一種迷信。然而，我們生活在這世界上，無論自己知道與否，我們不斷地在與它交流。當我們開始欣賞世界，並學會觀察正在發生的事情，與其純粹地以自我為中心（而毫無覺察力），我們開始看到這些跡象。

在這個階段，沒有人需要知道我們正在做思惟修。我們分享生活的某些面向，而其他的一些方面則保留給自己。這層次的神祕，可為我們帶來存在的平衡感。如果每個人都知道我們的每一件事，一定程度的尊嚴與神祕就會因而喪失了；如果我們太過祕而不宣，也將失去某種程度的親和感。

因此，「龍」不僅有利於我們的跑步，同時也為我們的生活和世界，賦予了智慧、靈感與不可測度。

35

「龍」的呼吸

在跑步與禪修兩者中，我們對呼吸的過程變得非常熟悉。剛開始時，我們難以找到自己的呼吸，也難以安止於呼吸上，這方法本身令人看來甚至難以招架。然而，就如同一位了不起的廚師漸漸地進步而成為廚藝精湛的大師般，在我們變得更加通達——更加專注與專精——之後，就可以體會、感覺到自己呼吸的氣息。它不再只是急促地進出我們身體的空氣，現在它具有一種質感，有時它是粗重的或斷斷續續的，而在其他時候則是平滑的，如泉水或絲綢般平順地進出。氣息有時或是香甜、美味而誘人的，但有時則是酸苦的，有種辛辣感。還有些時候它是溫柔的，幾乎讓人感覺不到它。

所有這些質感都是因緣所生的結果，這些因緣是指從我們的感覺如何到吃些什麼，或我們遇見了誰到今日過得如何。因為呼吸即是生命本身，它具有巨大的溝通力量。禪修與正念讓我們有足夠的精微意識來描畫出氣息的素質。如此，於呼吸上禪修，就有如用一面鏡子來照見我們的心靈與生活。

經由連接起呼吸的那一刻，我們了解到自己如何在過著生活。無論氣息的質感為何，我們都應該欣賞它。粗重的呼吸可以反映出我們已經很疲倦且過度勞累，或者在生活裡有一些衝突或障礙，這可能是源自於我們的行為舉措。同時，如果我們太過急進地運用禪修方法，我們的「風」（譯按：此即指「氣息」）可能會受到干擾，因此，我們必須更加柔和。較柔順的呼吸可表徵和諧、放鬆或其他正面的感覺。

相對而言，禪修使我們放鬆或平靜下來，給予我們去覺知是何種念頭在生起的機會，這可以與氣息及更大的生活問題相關。如果恐懼生起，它可能表示我們的呼吸太過緊促，且過度集中於吸氣；如果我們不能集中注意力且神遊太虛，這可能表示我們對氣息漠不關心，過分強調於呼氣。做為禪修者，我們要學會如何調整。當心中充滿著無數來自生活而非禪修的想法時，例如感到內疚或憤怒的反應，這可能指出我們應該仔細地探究自己生活裡的某些面相。以此，「呼吸」可以是生活的導航。

觀呼吸一般而言有兩種方法，一種方法是氣息較為溫和而連貫，另一種方法的氣息則較為粗重。溫和的呼吸層次是各種靜坐法中本來就有的，在此我們的身體不做大量的運動。禪修於較粗重的呼吸則與猛烈的修練法有關，它需要更多的控制力，有鑑於此，跑步一般面對的即是粗重層次的呼吸；當運用粗重或強力的呼吸法時，心往往會因為受到刺激而分心，因此，這種方法適合於具有強大正念的禪修者。

同時，跑步也可以促進一種溫柔的呼吸質地，這能導致更深一層的思惟修。在一般情況下，跑步時用力呼吸會刺激思想過程，但它也會耗盡心念。

當我探訪西藏時，在面對呼吸方面我有過一次活生生的體驗。當時我已經到達藏地好幾個星期了，但一直未有機會去跑步。由於我身為一位靈性領袖，不論何時，當我探身走出寺院，總會有一個僧侶持香引路，而其他的僧侶們則吹著西藏號角，這是藏族列隊出迎的習俗。在逗留西藏期間，我主持了各種佛教儀式，如祝福病者與孩童，以及為一所學校落成開光；在其他時間裡，我所主持的儀軌繁複的典禮，通常還包括加持祝福成千上萬的人，這些儀式很容易地就會花上一整天的時間，即使只是準備儀式也需要好幾個小時，因此我的時間變得相當有限。由於日程緊湊，且不斷地被人群包圍在一個非常正式的環境中，我因而無法外出跑步。

有天清晨，我一大早起身，看看是否有可能在藏地進行一次跑步。但開跑之前就有一些挑戰，首先要能走出寺院，並找到一處僻靜之地，在那裡我不會為人們所看見。接下來，我得換下西藏僧袍，穿上更適合跑步的服裝。要緊的是，我是否能夠在這個即使連谷底也有海拔一三〇〇〇英尺的高度跑步？

我請這趟旅程中僅有的幾位跑者之一泰德．羅斯（Ted Rose）作陪，我們乘著吉普車離開了寺院。駕車一段時間後，我們發現兩座偏遠村莊之間的一片土地。我於是換下喇嘛袍服，穿上跑步的運動服裝，接著我們朝山谷跑步而下。在這麼繁多的典禮活動之後能進行一次跑步是相當愉快的，我為自己能有機會在世界屋脊上跑步感到幸運與感動。我們經過放牧的犛牛群，並欣賞著壯麗的美景。然後，突然間我有一種奇怪的感覺，我並不是喘不過氣來，但在那一刻，我意識到自己身體的氧氣已然耗盡，我們決定以較慢的速度回到吉普車上。在吉普車裡，我換回袍服，然後返回寺院。

在這樣高海拔的地區跑步，我所經驗的是缺氧。在那天下午，我變得非常疲憊，事實上我只能去睡一覺；然而，在經過良好的休息之後，我感覺好多了。於是我親身經歷到呼吸的重要性，以及我們應如何與它發生關連。無論我們是呼吸著西藏〔高地〕稀薄的空氣或印度叢林清晨的空氣，呼吸對我們如何體驗生活扮演著至關重要的角色。透過跑步與禪修，我們可以體會到這份最珍貴的禮物。

36

心是什麼？

在西方，當我們談論到自己的心時，是指著自己的頭部——認為「心」是「腦」的同義詞。但在西藏與其他冥想、禪修性的文化裡，當被問及心在何處時，人們常常把手放在自己胸部的心臟部位。事實上，沒有人知道心的確切位置，心就像是龍一般，它是難以捉摸的。

無論東方或西方，我們對「心」的一般經驗是非常個人化的、親密的，它是某一天裡我們所感、所思的一切；它是我們個人記憶與意念的集合。在英語中，對如何描述「心」的語詞是比較有限的，我們使用「mind」（心）、「consciousness」（意識）、「intellect」（智性）等詞彙，然而，在如梵語和藏語等冥想性的語言中，卻用無數的名詞來描述「心」。藏語裡的「sem」是指基於主體和客體可認知的心；另有一字「lo」，是指那能理解的智性；還有一個字「yi」，則是另一個指一般認知之心的詞彙。而「rikpa」一詞意指「覺

知」（awareness），這「覺知」有兩層含意：一般的覺知與非概念性的覺知，後者與「智慧」（wisdom）相連。再者，還有「namshi」，這是指「意識」，據說共有八種不同層次的意識。其他更有各種詞彙用來描述覺悟之心——那超越的心靈或超然的智性。

我們可以把這些描述區分為兩類。一類是有主體和客體的世俗心，例如你看見一間房子，心裡便想著「房子」，這是二元對立的心。超然的心則是超越主體和客體，它超越了迷惑與二元性，有時也被稱為「明光心」（clear-light mind）、「明性」（luminosity）、「智慧」或「覺醒」（awakenment）。

世俗心有其特徵，這包括「清明」與「了知」等特徵。一如人類是由血肉和骨骼所組成，樹是由木質素所構成，世俗心據說便是由「清明」與「了知」的質地所構成。透過禪修，我們開始體驗到「清明」與「了知」，當這兩者逐漸擴大，它們便能帶領我們到達那超然的存在狀態。

一旦我們覺知到這點，就可以在跑步、旅行、親友往來和飲食等所有活動中，體驗到這覺醒的心。有時心較為粗重，因此我們經驗到如興奮或抑鬱等沉重的情緒，但其「本初善」始終存在於我們所有人之中。經由禪修及了知自己在禪修中做什麼，我們就可以發現自己與他人的心。

37

意向的力量

經常有人問我為什麼要跑步，提問的人通常並非跑者，但我理解這一個問題。有許多人認為以我的身分會從事如跑步這樣的運動，這點頗令人費解。

就像多數的跑者一樣，我也是為了健康與喜悅而跑。跑步猶如飛翔，讓人有種自由與率性之感。我們正穿過地面之上的空間而移動，這是連結自然及呼吸新鮮空氣的大好方式。

還有一個更深層的意義，這與我的意向相關。我相信以純淨的意向，你幾乎可以把任何活動帶進自己的精神修行之路。我跑步的意圖是為了造福他人，因此，跑步正是我修行之旅的延續。

通過我多年來思惟自己所承繼之豐富的精神傳統，我學到意向的強大效力，它顯示出

心靈的力量。以一顆強而有力的心，如果我們企望自己的跑步是為了他人的福祉而跑，那麼它就是了；相反地，如果我們把禪修變成一種完全自私的追求，那麼它就會成為自私的。在任何一種活動中，是我們自己的意向來決定結果將會是平常的或特殊的。

「龍」的力量即是意向。「龍」知道我們能以完整的、無拘的意向，而把良善與效益帶進任何活動，這便意味著我們的跑步可以是一種有力的意向培育器。有著那種跑步是為了利益他人的意向，它會改變我們意識的結構。這種高尚、廣袤的意向，為我們身體與心靈帶來力量，它給予我們存在的特質。我們的跑步不再只是集中於健身或去完成它，更確切地說，它變成積極訓練我們造福世界之意向的過程。

具有這般的意向，讓我們的跑步更增添尊嚴。我們不再只是獨自一人在鄉野或街道上沿著一條路徑而奔跑，我們的心智與心靈可以擴展得更加廣遠，甚至延伸至全球。在一次的跑步當中，我們在思惟著一切的眾生，以及如何能夠幫助整個宇宙。

當如是思惟時，我們不應該受到思想的限制，而懷疑地說：「一個人能夠做什麼呢？」與其去擔心某種具體的成果，我們必須把重點放在發展自己的意向上。在現實中，大多數有助於世界的想法，皆來自於意向。佛陀獨坐在一棵菩提樹下；耶穌行走於沙漠中；道家的聖人老子靜坐於森林內。所有的聖者都用強大有力的方式來發展自己的意向，他們透過那意向幫助了全世界。

我們也可以把一個單獨與孤寂的活動，將之轉變為能發展自己意圖以幫助世界之充滿動力的時段。通過跑步來發展這種意向，可以是一種喜悅與自在的鍛鍊；我們會自然地變得更加強壯，更能夠幫助別人。同時，以如此強烈的意向，〔有益的〕想法與靈感將毫無疑問地產生。

我們要如何運用一己的跑步，全在於自己。但我們應該知道，做為人類的我們擁有這個偉大的祕密——意向。

第四階段

「龍」的思惟修：慈悲與無我

「龍」的思惟修是無我——超越自我的局限性。當我們的自我介入時，我們便失去了眼界，無法顧慮他人的感受。在此思惟修中，我們會發現如何不妨礙自己的進展之法。與往常一樣，重要的是要記住，我們不是讓自己變得微不足道或輕視自己。思惟自己如何才能較為無私，能使自己的心智與心靈為家人和朋友留出更多的空間。這是一種深層的禪修，於其中我們反思：「我們如何始終把自己放在第一位，結果是把許多情況搞砸了。我們如何能稍微無私呢？」

通過體育活動，我們會得到一種自我膨脹感。在此思惟修中，我們放下這種傾向。當我們認為「今天真是糟糕」時，往往是我們的自我受到了打擊；如果自我小一點，挨打的部位就會減少一些。所以，現在我們思惟：「我們並不是自己的房子、工作、服裝，甚至不見得是自己的身體或強健的體格。」以此方式，我們來培育自己的謙遜與柔軟。

如果我們經常有規律地練習「龍」的思惟修，我們將開始看到自我的本質其實是一種幻覺，這幻妄的自我總是不斷地在轉移與變化中，但它從未真正地存在那裡。「龍」之禪修者此一深刻的發現，是由於發現在那裡並無「自我」可以減少；你不能失去自己從未擁有過的東西。

因此，這種禪修通常以兩個階段發生。在第一個階段中，我們反思如何較不以自我為中心；第二個階段則是更深刻的思惟，我們仔細省察自我其實是一種幻覺。

〔第六部〕

風馬

38

跑步時的交談

我正在翠綠山野之上的噶瑪丘林（Karmê Chöling）香巴拉中心，教授我每年的例行講座，此中心坐落在一個被稱為「東北王國」（Northeast Kingdom）的地區（譯按：在美國佛蒙特州〔Vermont〕），此地區景致如畫，連綿起伏的丘陵點綴著隻隻乳牛，偶有小狗穿插其間。經過了一天的授課、面談和會議，我需要與自己的身體相連結。我想：「除了進行一次美好的長跑，還有什麼比這更佳的方式來結束這一天呢？」

那一天，我的跑步同伴是尼克・朝茲——一個安靜、溫柔且身強體健的年輕人，他向來是一位專業的越野滑雪選手。我總是取笑尼克說，他似乎從未為我們的賽跑做過訓練，在我看來，他所仰賴的強健體格主要是來自於滑雪運動。當他和我一起參加多倫多湖濱馬拉松賽時，他從賽前十天才開始受訓。比賽結束後，他的身體確實感到相當疼痛，但他也的確跑到了終點。

當我們一起跑步時，通常並未有太多的交談。但在這特別的一次跑步上，我們於午後時分，緩慢而曲折地跑過佛蒙特州的山丘，我們在進行著我所謂的「談話的藝術」。我們只是享受彼此的陪伴，所談的也無特定的主題或特別的重點，可以說，我們是用交談的方式來表達彼此的友誼。

我們很放鬆，有時講些故事，有時開開玩笑，分享彼此的感受與見解。我間或會問尼克近來滑雪的狀況如何，或者他會問我的旅行與授課的計畫，在其他時間裡則安靜沉默。我們不覺得尷尬，也沒有特別的需要去說些什麼。當我們沒有說話時，跑步中的空間就打開了，同時我們仍然完全保持著目標，結果那天竟跑了二十英里之遠。最後，我們都談到這次跑步感覺起來如何地自然和輕鬆；尼克說這是他最愉快的長跑之一，而我也有同樣的感覺。

跑步的時候，我們可以放鬆並與朋友共處，交談是一個自然、不可或缺的組成部分。我們可以談論自己生活裡的重要課題，或單純地只是談到天氣，或自己的跑步狀況。交談使得跑步從一個單獨的運動，轉換成一個共享的運動。推而廣之，談話正是人類社會的重要構成部分。

交談不同於討論或有某些要點的會談，它可說是我們與生俱來人性的表達。我們所說的話語，即是喜悅、善良與愛的音聲。有鑑於此，我們所談的是什麼並不真正重要，事實上，它甚至不需要有一個重點。

在結合交談與跑步時，人們似乎更能誠實地面對自己的感受。這可能是因為我們正在「動」的狀態中，我們的腿和手臂擺動，特別是吸氣與呼氣，可以放鬆緊張和概念性的心，以及自己所扮演的社會角色；它能使我們在表達上更加自由和奔放。同時，在我們跑步時，感覺似乎更難以說謊，如果我們說謊，就得用更多力氣，這是因為不斷地體驗到呼吸氣息的結果。呼吸可說是某種「吐真劑」(truth serum)——一種有關我們如何感受與正在做什麼的誠實表達。

當在跑步時交談，我們通常會覺得能更易於接納〔對方〕，意見與想法的交流能更自由流暢。事實上，若以正確的方式，跑步時的談話可以刺激我們的大腦，幫助我們理解以前未能理解的課題。長時間的散步可刺激作家的想像力已是公認的事實，或許就跑者而言，長跑也具有相同的效果。雖然它可能不是個適宜深思的時間，它或可幫助我們理解先前未了知的智慧。當我們在跑步中交談時，尼克經常說：「哦！我從前並沒有領悟到這點。」

與其他人的交流，可將談話從只是從嘴中吐出任何腦裡所想事物的行為，轉變成一種藝術。談話的藝術不是一個人在整個跑程裡嘮叨個沒完沒了，而是一種感覺、思想與觀念的和諧流動，這就是為什麼交談會成為「風馬」階段跑步之一部分的原因。（參

見第40章）它是一種溝通，而不是交換話題，或只是以話語來填滿空間。正如俗語所說的：「唯一可以比跑者的腿得到更多鍛鍊的，即是跑者的嘴。」

有鑑於此，其實並不一定需要交談，有時沉默是最適當的，就如同知道何時應該休息及何時應當訓練同等重要一般。我們可能已準備好要開始交談，但同伴卻可能沒有意願，因此我們必須敏感且機靈；此外，某些談話主題可能是痛苦的或不恰當的。要善於言談，我們就必須在對方、時間與空間上，運用自己的敏感度與感知力。

談話的藝術在西藏文化裡是非常活躍而合宜的，因它被認為是一種智性與仁慈的形式而受到讚賞；如談論所喝的茶、天氣如何等簡單的對話，都不會被視為是微不足道或膚淺的談話。當談論這些簡單的事物時，我們實際上對其他人會有更多的認識。

由於我熟悉兩種文化，我經常發現西藏的交談方式與西方文化對比起來相當有趣。在西方，交談在許多時候便是「直言不諱」（bluntness）的同義詞——一切主題都需要有一個事實或目的，但「直言不諱」並不能總是表達出很多事情；然而，率性直言有時則是恰當的。

談話的藝術不是要扭捏作態或胡言惡搞，這不是在耍弄言詞或欺騙他人，談話本身可說是一個真誠交流的機會。在我們現代的文化中，最常見的交談機會，是兩個人在初次約會的時刻；我們以交談之舞，大量學習了關於我們同伴的種種訊息。

做為在「老虎」、「獅子」、「金翅鳥」階段的禪跑者，我們正在熟習於正念與覺知的方法，同時，我們或會從事交談。即使有些跑步最好是靜默地進行，其他跑步則可以提供一種人類友誼與溝通的空間。這種群性與社會性的表達，也就是一個分享人類「本初善」的機會。

39

和平的競賽

二〇〇六年秋，達賴喇嘛尊者為科羅拉多州的和平紀念碑「法身大佛塔」舉行了開光典禮。大佛塔坐落於香巴拉山脈中心山谷的上方，靠近紅羽毛湖區。我們以十五年的時間建立起這座神聖的佛塔，其鐘形的塔身採用傳統的規格，即仿照坐佛之姿，以代表「覺悟」之意。塔頂冠以日與月，象徵著智慧與慈悲。每天有來自各種文化和信仰的遊客到此參拜；老少團隊也分批前來參觀大佛塔。

有一天我突然想到，此地將適於舉辦一個終點就在佛塔的和平賽跑。針對第一屆「大佛塔和平賽跑」(Stupa Peace Run)，共有一五〇位選手參加，包括一些非常進階的跑者與其他初學者。除了賽事本身，這也是一個充滿冒險和慶祝的活動。

我不確定賽事那一天自己是否可以參加，因為我才剛剛從受傷中復原起來。但在當天上午，我感覺好多了，而且它是為了一個良好的因由，所以我穿上跑鞋，加入大家的行列。喬恩．普拉特和其他幾個人組織了這次的活動，我們聚集在紅羽毛湖畔，為了兩個活動——一個距離五公里，另一個則是十五公里——一起共襄盛舉。

看到這麼多的跑者努力參加賽事，我深受感動。其中有幾位跑者才參加過一個「以禪修的心來跑步」（Running with the Mind of Meditation）的研習營。此次「和平賽跑」吸引了一群特別的人——有些人專為跑步而來，有些跑者剛開始禪修，還有些禪修者才開始跑步。

大家都很興奮。對於某些選手而言，這比賽將是一個挑戰，因為比賽是從海拔七五〇〇英尺開始跑。是日陽光明媚，我鼓勵每個人都好好地照顧自己，並謹記當天的主旨精神——我們是為了和平而跑。

槍聲響了，我們開始起跑。看到所有的人都為著和平跑過科羅拉多州高地，真是令人驚嘆！我們穿越美麗的草原、岩石的裂隙，朝著溪流往下行，進入香巴拉山脈中心的最後斜坡，最後迎向佛塔而跑。跑出山谷並見到這個美麗神聖的建築，是結束賽程的難忘方式。按照習俗慣例，我請眾人繞塔而行，而非繞塔而跑，因為那是不甚恰當的。我的妻子康卓．次央等在那裡分發獎品，她給了每個人一條「哈達」（kata）——西藏傳統的白色圍巾，它表達友誼、祝福與吉祥。

我看到跑步與禪修的兩個世界共聚一處，覺得非常感動。這兩種我所熟知的、截然不同的組群，通常是不融合交流的。然而在這一天，做為禪修者與跑者的我們，薈萃一堂，共同為了和平而跑步。

40

風馬

跑步一直以來對我個人極有利益，但它真正使我心滿意足的，是通過我的活動而得以去幫助別人。不僅是我的熱情讓我與他人相連結，藉此我也能鼓勵人們去運用自己的身心。從更廣的角度來看，經由馬拉松賽，我為慈善機構籌募了資金、〔積聚〕功德與〔重振〕其精神，這主要是指重新建立起西藏的文化與修行教育工程。最初，我把重點放在重建東藏蘇芒（Surmang）地區的寺院，我父親曾是該地區寺院的總住持，以此而去鼓舞當地群眾的信心。後來我也開始從事其他與人道主義相關的計畫。

當我開始跑步之初，我沒有想到它可以變成慈善工作，但這是一個自然的發展結果。當我們變得更健康、更有信心時，我們就會希望與他人分享那種善好。看到跑步這種個人式的運動變得如此有助益，很令人驚訝。大多數的比賽都以某種形式鼓勵慈善捐款；慈善工作是人類善意的一個明顯表徵，我很榮幸是參與其中的一分子。

跑步讓我與人性固有的良善與健康連接起來。我相信這種難以表達的良善之感，將是決定人類未來的一個關鍵因素，由此可以創建一個以我們與生俱來之「本初善」為基礎的社會，這在香巴拉的傳統裡稱為「覺悟的社會」（enlightened society）。它是基於發現到人心本具的良善，甚至當可怕的事情發生時也是如此。

透過跑步與禪修，我們成為世界更好的公民。我們的欣賞、紀律和能量，會利益更廣大的眾生。這些特質是「風馬」——整個訓練最後階段的核心——之燃料。「風馬」的藏語為「lungta」，「lung」意指「風」，而「ta」意指「馬」。「風馬」是生命的能量，當我們於「老虎」、「獅子」、「金翅鳥」與「龍」的修行之道上訓練時，它便會自然地生起。「風」代表著人類心靈完整的覺醒；「馬」代表方便法門、成功與迅捷。

在西藏，「風馬」一般繪製在祈願幡旗上面，然後把這些風馬旗高懸於山巔，迎風翻飛飄揚。描繪「風馬」時，馬背上往往馱載著一顆寶珠，這就是眾所周知的滿願如意寶珠。寶珠代表著那覺悟的心能成就一切，它正是幸福的源泉；能夠帶來真正幸福快樂的則是幫助他人。因此，這最後階段的訓練，是決定做一些對社會有益之事，以此方式，可與全世界共享跑步的精神。我們這時代的瞋怒激進與急速匆忙，已增加了人們心灰意冷的趨勢，任何我們可以做的、能去改變潮流而朝向良善與理解的事情，都會有所助益。例如，跑者作家邁克・山卓克運作了一個非營利機構「跑步一世界」（One World Running），專門發送跑鞋到未開發的國家中。

由於跑者普遍持有樂觀的態度，而這種樂觀正是世界之所需。我們總是不斷地被告知世界上出了某些問題，或者即將會發生問題；但跑者直觀地知道，通過奉獻及辛勤從事，成功將會降臨——做為人類，如果我們致力於創造一個更美好的世界，那麼它是完全可行的。這便是「風馬」的能量。這世界作為一整體，就如同一顆心；如果那顆巨大的心開始懷疑自己，因而感到沮喪，我們整個地球將會陷入危機。但是，如果世界的群體良知發展出一種樂觀與努力的精神，我們便真的會有機會脫離困境，因為人類將具有「風馬」。

我的職責使我有機會周遊世界，年復一年地，我深深震懾於連接起所有一切人之明顯的相互依存性。當我開始在南印度邦加羅爾（Bangalore）附近的南卓林寺研修佛法時，我北美洲的學生極少有人知道邦加羅爾在哪裡，現在這些人的電話線路甚至會通過該地來轉接。

「風馬」的階段是認識到我們皆具有天賦，都擁有一些可以提供給世界的東西。無論是為了環保而工作，或照顧孩子，或生意往來，所有這些稟賦都可以創造「風馬」的能量，此能量會讓我們往正確的方向前進。在此之時，我們所做的任何事情，不管它是多麼地微不足道，都是有意義的。然而，這還不是問題的關鍵，重點是我們都非常樂觀而且努力地去從事。以此，我們的活動不僅能夠利益他人，還能完滿自己，為我們帶來知足與幸福。這即是一種「雙贏」的局面。

「風馬」的思惟修：本初善

禪修的一句偉大格言是：我們皆是完美的，但我們還需要稍微做一些調整。這些微的調整，總結而言，即是要對我們的「本初善」具有信心。

在「風馬」階段的思惟修之中，我們思惟自己的「本初善」。當所有的計畫、擔憂與匆忙都消融時，當我們只是靜坐在那裡，感受到一種深沉的空間和健全感，我們正安止在那無法形容之「本初善」的感覺中。這是「基本的」(basic)，因其根本上即是我們的本來面貌；這也是「善好的」(good)，因為我們是圓滿的、無瑕的、完整的。

做為人類之一件可驚可嘆之事，就是我們可以連接那長久以來被遺忘而本具的良善。感覺那份良善之感——對我們內裡最深處的存在具有信心與勇氣——是非常強大有力的。即使是幾分鐘的禪坐，也能感覺它有療癒的作用。在感覺到自己的「本初善」之後，我們便會開始看到它在每個人和每件事當中。在一個小孩身上我們可以看到它，在一個老人身上我們也能看到它，在一座美麗的山上我們可以見到它，當我們擁抱一個人時，也能感覺到它。

以禪修的心來跑步，所要傳達的訊息之一是，我們不再能分割精神修行與日常生活。無論我們在做什麼，都有能力保持覺醒，不辜負自己的潛能。我們可用「本初善」的能量來跑步。當我們感覺到它，我們將會跑得更好，也許甚至跑得更快，但我們一定會感覺更佳。「本初善」就是那顆滿願如意的寶珠。

後記

在超過六年的時間裡，我跑了九次完整的和一次半程的馬拉松賽。在這段期間中，我學到了很多關於比賽的事情。

我的第一場賽事是多倫多湖濱馬拉松賽。當時天氣非常寒冷，我的主要目標是跑完全程。那是一個具有挑戰性的、有價值的體驗，因為在我的生命裡從來未跑過這麼長的距離。接下來的馬拉松賽是大蘇爾馬拉松賽，沿著加州一號公路的濱海丘陵地形而跑。那是美麗的一天，我跑得很好，以三小時廿一分的時間完成。

下一場比賽是埃德蒙頓百年紀念馬拉松賽（Edmonton Centennial Marathon），這是我成績最為優良的一場賽事。為了有資格參加波士頓馬拉松賽，我必須跑完這項比賽，而我完成的時間是三小時零九分。然後，我又跑了邁阿密的半程馬拉松賽（Miami Half Marathon），作為即將來臨的波士頓賽事的訓練。跑步經過現場熟知跑步又極熱情的群眾，真是一個美好的經驗。

在那之後，我參加紐約市區馬拉松賽（New York City Marathon），賽程通過紐約全部五個行政區，就好像是通過了五個不同的國家。當我們跑過布魯克林大橋（Brooklyn Bridge）時，有人大聲喊道：「這是怎麼回事？」另一個人回答說：「這座橋在彈跳呢！」這是一整年中該橋負載最重的時刻。後來，當我們進入曼哈頓的第五大道時，聽到人群鼓動的轟然吼叫聲，的確使人相當興奮。

接下來，我參加佛蒙特州伯靈頓市（Burlington）的馬拉松賽（Vermont City Marathon），佛蒙特州那年有著不尋常的高溫。就在同一年，我參加芝加哥馬拉松賽（Chicago Marathon），那次我獲得了最好的一次成績——三小時零五分。隔年，我再度參加芝加哥馬拉松賽。當我們跑過溫度測量儀時，那時氣溫已高達華氏九十四度（譯按：約攝氏三十四點四度）。我們雖然跑完了全程，但那次名聲不佳的跑賽在開賽後三個半小時（因高溫）而決定中止❶。我最後的馬拉松賽地點是在美麗的加州納帕山谷（Napa Valley）。

從所有這些比賽中，我學到了很多很多。針對訓練而言，比賽本身對我幫助甚大。對於大多數的比賽中，我能夠以「後半程加速」的方法跑步，這方法即是跑後半段的速度比前半段的要快一些。雖然在跑馬拉松賽時能量是令人難以置信地提高，但我試圖不讓能量壓倒或動搖我的比賽計畫：第一，要完成比賽；第二，要享受比賽；第三，要有好成績。許多來到現場為我加油的人們從未參與過任何一場比賽；在不少城市裡，人們似乎對參加馬拉松賽的西藏喇嘛很感興趣，我還得接受當地媒體的採訪。

在所有這些比賽中，我都是為了慈善募捐而跑，所以我覺得完成每場比賽是非常重要的。有一回，我因為當時持續優良的體能狀態，而真的很想完成一次在三小時內跑完的馬拉松賽。然而，這些比賽的共同目的，都是為了一個更遠大的因由。

當你參加一場馬拉松賽，跑步運動的普遍性顯而易見，不同的年紀、體態、身形等各種跑者，以奉獻、喜悅與痛苦結合起我們所有的人。雖然跑步是如此個人化的運動，卻產生出一種強大的協力合同作用。

❶ 二〇〇七年的芝加哥馬拉松賽，因破紀錄的高溫，超過一萬名選手臨陣決定退出比賽，一〇九三四名選手無法跑完全程。因高溫之故，更有一名跑者死亡，超過三十人住院，還有超過四百人須接受醫護治療。所以，該賽事在起跑後三個半小時決定中止。

致謝詞

我要感謝很多在我跑步之道上伴隨我的人，感謝他們的歡愉、支持和友誼：塔拉（蜜思娣）・洽克（Tarah〔Misty〕Cech）、喬恩・普拉特（Jon Pratt）、埃里克・洽克（Eric Cech）、尼克・朝茲（Nick Trautz）、貝里・古魯斯勒（Barry Gruessner）與邁克・山卓克（Mike Sandrock）。也謝謝陪我經過多次美好跑步的人：凱爾・沙夫豪森（Kyle Schaffhauser）、本・梅撰諾（Ben Medrano）、賈斯汀・羅賓斯（Justin Robbins）、喬許・思伯斯坦（Josh Silberstein）、馬克・威利（Mark Whaley）、克里斯多夫・聖豪（Christoph Schönherr）、詹姆斯・索普（James Thorpe）、格雷格・沃克（Greg Wolk）、西恩・雷捷（Sean Raggett）、拉爾夫・穆斯布魯格（Ralph Moosbrugger）、邁可・弗讓德（Michael Fraund）、艾米・康威（Amy Conway）、格倫・奧斯汀（Glenn Austin）與亞倫・葛斯坦（Alan Goldstein）。感謝以下之人的身體功療（bodywork）：葛雷格・毛林斯（Craig Mollins）、吉姆・阿瑟（Jim Asher）、吉姆・帕斯庫奇（Jim Pascucci）、威爾斯・克里思諦（Wells Christie）、湯姆・帕西（Tom Pathe）、羅恩・湯普森（Ron Thompson）、瑪麗亞・西蒙

頓（Mariah Simonton）、伊蓮・王（Elaine Wong）與彼得・古德曼（Peter Goodman）。感謝以下之人的照顧：米切爾・李維博士（Dr. Mitchell Levy）與亞隆・斯奈德博士（Dr. Aaron Snyder）。感謝以下之人的慷慨大方：邁可和珍妮・格林里夫（Michael and Jeanine Greenleaf）、尼可萊特・德・侯普（Nicolette de Hoop）、庫司・德・波爾（Koos de Boer）與雷德・希亞姆・薩拉夫（Radhe Shyam Saraf）。此外，感謝他們的支持：尊貴的南卡・吉美（H.E. Namkha Drimed）仁波切和日帕家族（Ripa family）。並感謝金剛護法（Dorje Kasung）和金剛近侍（Dorje Kusung）的服務。

還要感謝艾蜜莉・希本・賽爾（Emily Hilburn Sell），她不斷的鼓勵和護持，並且謝謝里德・博茲（Reid Boates）的熱忱。

國家圖書館出版品預行編目資料

跑步之心：同時鍛鍊身與心的禪跑/薩姜・米龐仁波切(Sakyong Mipham Rinpoche)著；蔡雅琴譯. -- 二版. -- 臺北市：大雁文化事業股份有限公司橡實文化出版：大雁出版基地發行，2023.09
面； 公分
譯自：Running with the mind of meditation : lessons for training body and mind
IISBN 978-626-7313-51-0(平裝)

1.CST：佛教修持 2.CST：長跑

225.87 112012579

觀自在系列 BA1029R

跑步之心——同時鍛鍊身與心的禪跑

作　　者　薩姜・米龐仁波切（Sakyong Mipham Rinpoche）
譯　　者　蔡雅琴
責任編輯　于芝峰
文字編輯　釋見澈
特約編輯　曾惠君
封面設計　黃聖文
版面設計　舞陽美術・張淑珍
校　　對　魏秋綢

發 行 人　蘇拾平
總 編 輯　于芝峰
副總編輯　田哲榮
業務發行　王綬晨、邱紹溢
行銷企劃　陳詩婷
出　　版　橡實文化 ACORN Publishing
臺北市105松山區復興北路333號11樓之4
電話：02-2718-2001　傳真：02-2719-1308
E-mail信箱：acorn@andbooks.com.tw
網址：www.acornbooks.com.tw
發　　行　大雁出版基地
臺北市105松山區復興北路333號11樓之4
電話：02-2718-2001　傳真：02-2718-1258
讀者服務信箱：andbooks@andbooks.com.tw
劃撥帳號：19983379　戶名：大雁文化事業股份有限公司

印　　刷　中原造像股份有限公司
二版一刷　2023年9月
I S B N　978-626-7313-51-0　(平裝)
定　　價　420元